海洋体育实用教程

张同宽　主编

海洋出版社

2017年·北京

内 容 简 介

根据海洋体育发展现状和教育部《全国普通高等学校体育课程教学指导纲要》精神编写本书。

主要内容：本书依据沿海和海岛区域资源特点，结合海洋体育运动发展趋势，比较全面地概括了海洋体育运动课程体系内容。内容分为理论篇和实践篇两部分，理论篇：海洋体育概述、海洋体育运动的发展、海洋体育活动风险与防范概论、滨海类海洋体育项目介绍、海上类海洋体育项目介绍、海空类海洋体育项目介绍、岛礁岸（码头）海洋体育项目介绍、船上类海洋体育项目介绍、海岛民间乐舞类海洋体育项目介绍、海岛儿童类海洋体育项目介绍。

本书特色：通过对本书的学习能系统地了解海洋体育运动知识，树立正确的体育观和海洋观，为全面提高学生素质服务。

适用范围：本书可给海洋体育管理者、海洋体育运动爱好者、海洋休闲旅游爱好者等提供参考。

图书在版编目（CIP）数据

海洋体育实用教程/张同宽主编.—北京：海洋出版社，2017.3
ISBN 978-7-5027-9726-3

Ⅰ.①海… Ⅱ.①张… Ⅲ.①海洋—体育—高等学校—教材Ⅳ.①G807.4

中国版本图书馆 CIP 数据核字（2017）第 038967 号

责任编辑：张鹤凌 张翌嫘	发 行 部：（010）62174379 （010）68038093（邮购）
责任校对：肖新民	总 编 室：（010）62114335
责任印制：赵麟苏	网　　 址：www.oceanpress.com.cn
排　　版：晓阳	承　　印：北京朝阳印刷厂有限责任公司
出版发行：海洋出版社	版　　次：2017 年 3 月第 1 版
	2017 年 3 月第 1 次印刷
地　　址：北京市海淀区大慧寺路 8 号（716 房间）	开　　本：787mm×1092mm　1/16
100081	印　　张：14.5
经　　销：新华书店	字　　数：220 千字
技术支持：（010）62100057	定　　价：36.00 元

本书如有印、装质量问题可与发行部调换

本社教材出版中心诚征教材选题及优秀作者，邮件发至 hyjccb@sina.com

浙江海洋大学特色教材编委会

主　任：吴常文

副主任：虞聪达

编　委：（按姓氏笔画排序）

王　颖　　方志华　　邓一兵

邓尚贵　　全永波　　李　强

吴伟志　　宋秋前　　竺柏康

俞存根　　唐志波　　黄永良

黄品全　　韩伟表　　程继红

楼然苗　　蔡慧萍

总　序

　　破浪而行，御风而去，蓝天白云，阳光沙滩，碧海伏波，型男倩女，运动时尚，构成了一道海洋体育的靓丽风景线。

　　人类从最初对海洋的敬畏、恐惧，随着社会的发展，逐渐向亲近海洋、享受海洋、热爱海洋转变。"21世纪是海洋的世纪"，党的十八大提出了建设"海洋强国"战略。兴海强国，必先强教，要实现海洋事业的跨越式发展，关键靠人才，基础在教育。作为以海立德、以海启智、以海健体、以海育美、以海崇劳的海洋文化教育的重要组成部分——海洋体育是认识与亲近海洋的最佳体验方式。它是以海洋生态系统为活动空间，依托海洋资源而进行的促进人体身心和谐发展的一种社会文化活动。

　　随着人们价值观念的转变，"健康第一""回归自然"等生态理念被植日常生活方式，休闲健身成为人们生活的基本需求。海洋体育凭借海水、滩涂、沙滩、岛礁等特殊的地形、地貌与海洋特质，向社会提供具有海洋属性的健身休闲运动方式，满足人们日益增长的个性化需求。海洋体育集健身、休闲、旅游观光为一体，参与其中，便能亲近大海，拥抱大海，感受大海，探知大海，享受大海，将人们的身心融入大海的怀抱。穿梭于山海之间，驰骋于浪尖之上。在海水中畅游，你会找到一种随波逐流与浪花嬉戏的快感；在海滩上奔跑、跳跃，你会感受到细沙的"软力量"；在海面上升帆，你会感觉到风的可贵；潜入五彩斑斓的海底世界，你会感悟到水的能量。无论在水中还是在岸边，海洋体育完全依赖自然条件、生态环境，凭借风能、水能和运动者的智能、体能作业，并在运动中领略大海的磅礴与壮丽。海洋体育的形式多样、种类繁多、自然生态、功能多元等特点，深受不同阶层、不同性别、不同年龄的大众喜爱，正在成为当下旅游、休闲、生活体验的理想选择和群众喜闻乐见的全民健身形式。

　　然而，目前人们对海洋体育的认识还只停留在简单而基础性的休闲活动中，缺乏深度地开发和系统、科学以及连续性的研究，尤其是在教育层面上存在着诸多的空白。由此造成一个尴尬局面：一方面是日益增长的需求促使人们对海洋体育渴望式的追求；另一方面是缺失的教育体系阻碍着海洋体育的发展。到目前为止，国内的海洋体育教育还没有一套完备的、科学的、体系化的专业教材，这是制约海洋体育发展的一个重要因素。

本系列教材主要是根据涉海类高等院校专业特点和人才培养目标，结合《全国普通高等学校体育课程教学指导纲要》自主编写的一套适用性强、教学效果明显的涉海类专业以及普通高校适用的海洋特色系列教材。因此，组织编写本系列教材，一方面为了全面实施整个高等教育培养目标和提高海洋人才质量，加强大学生体育知识、体育意识和体育能力的培养，促进他们身心健康和谐发展；另一方面是充分开发利用各种课程资源，拓展课堂的时间和空间，营造学生"三自主"的学习氛围，更好地贯彻"健康第一"的指导思想，开展和实施"阳光体育运动"，充分发挥学生的主体作用和教师的主导作用，体现和落实运动参与、运动技能、身体健康、心理健康、社会适应五大方面的课程目标，促进高等学校体育课程的深化改革。

本系列教材编委充分利用海洋元素课程资源，联合校内外人力资源，形成教科研机制，在内容策划、编写体系、课程实施等方面确立有效举措和长效机制，以保障课程教材开发与实施的科学性、系统性、实践性。

教材编写本着让学生在"实践中体验、体验中感悟、感悟中发展"的理念，坚持教材的内容生活化，贴近生活、接地气；坚持教材的形式结构化，突破死板和教条的语言；坚持教材的实践操作化，突出实用性和应用性；坚持教材的使用个性化，提高自我和展示能力。

在本系列教材的编写过程中，海洋出版社提出了许多具体的指导性意见，并对书稿做了大量的细致的编审工作。本系列教材也得到了浙江海洋大学在基金项目上的大力资助。在此，一并表示衷心的感谢！

在本系列教材编写过程中，参阅了有关书籍和图片文字资料，借鉴和吸收了同行们的研究成果，在此对原作者表示感谢。由于时间紧迫，加上水平有限，书中难免有疏漏和不足之处，敬请读者批评指正。

本系列教材可作为普通高校大学生体育课程教学用书，也可作为高校开展素质教育的参考书供学生阅读。与此同时，本书对从事大学生体育与健康教育和海洋运动的教学人员、研究员、户外爱好者也是很好的参考书。

海洋体育系列教材编委会
2016年7月于浙江海洋大学

前 言

21世纪是中国社会进入一个重要转型发展、社会实现中等发达经济体向发达经济体转型的关键时期，人民生活水平达到了小康水平，人们的生活意识、经济条件、环境和思想逐渐发生了重大改变，经济社会升级带来了人们对高品位、高质量的生活方式追求，对生活的质量和生命的延续有了更高层次认识和需要；单一的、单纯的体育锻炼方式已满足不了人们对回归自然、融入自然的渴望，体育休闲越来越成为时尚行为和共识，活动形式越来越多地倾向于到大自然中进行。在大自然中休闲，无非是陆域休闲、水域休闲和空域休闲。21世纪同样也是海洋的世纪，近些年来一些沿海省市和海岛地区海钓、风筝冲浪、滨海游泳、沙滩运动、海岛野外生存、滨海湿地运动会等海洋体育活动逐渐兴起，成为人们海洋休闲、海洋旅游、亲近海洋，享受自然的体育运动项目，吸引了越来越多的参与者，极大地丰富了人民群众的业余生活。海洋体育活动蓬勃兴起，令人鼓舞。但是海洋体育快速发展背后却缺乏海洋体育理论的指导。因此，本书以此为背景，立足于海洋体育专业人才培养为目标，以贯彻《全国普通高等学校体育课程教学指导纲要》文件精神为依据，结合学校体育的教育目标，为满足高素质海洋体育人才的需求而编写。

海洋体育是指人们利用海洋资源和海洋生产、生活等设施，依托海洋环境，以健身、竞技、休闲、娱乐、医疗等多种为目的的系列体育活动组合。海洋体育是我国经济、社会、文化快速发展时期出现的一种新型的社会活动形态，是体育、旅游、休闲、度假的高端产品，日光浴、海钓、帆船、游艇、沙滩运动、湿地运动等海洋体育活动将成为人们生活中的重要部分，那种崇尚海洋自然力量、勇于开拓、敢于创新的无穷魅力和冒险精神，将吸引人们不断加入海洋体育运动休闲的行列。

本书较为系统和全面地介绍了开展海洋体育运动的意义，海洋体育活动一些项目，旨在推广和宣传海洋体育运动，传授海洋体育知识、技术和技能，是一本适合普通高等院校开展海洋体育教育的选修教材，也是海洋休闲旅游爱好者、组织开展群众性海洋体育活动的参考书。海洋体育教程分为理论和实践两个内容，理论内容重点向介绍了海洋体育概述、海洋体育运动的发展、海洋体育活动风险与防范概论等方面知识；实践内容重点介绍了滨海类海洋体育项目、海上类海洋体育项目、海空类海洋体育项目、岛礁岸（码头）海洋体育项目、船上类海洋体育项目、海岛民间乐舞类海洋体育项目、海岛儿童类海洋体育项目等方面的知识。本书由浙江海洋大学组织编写,全书由张同宽主编。

本书由浙江海洋大学教材出版基金资助出版。

为了方便教学,我们将各章的教案课件上传到网络,有兴趣的读者可扫描二维码下载。

在本教材编写过程中,参阅了有关书籍、图片和文字资料,借鉴和吸引了同行们的研究成果。在此对这些原作者表示感谢,由于时间紧迫,加上水平有限,书中难免有疏漏和不足之外,敬请读者批评指正。

编者
2016年12月

目 录

第一章　海洋体育概述　　1
- 第一节　海洋体育的概念　　1
- 第二节　海洋体育的内涵　　3
- 第三节　海洋体育的特征　　3
- 第四节　海洋体育的分类　　5
- 第五节　海洋体育的功能　　8
- 第六节　海洋体育的价值　　12
- 思考题　　14

第二章　海洋体育运动的发展　　16
- 第一节　国外海洋体育运动发展　　16
- 第二节　国内海洋体育运动发展　　19
- 第三节　发展海洋体育的意义　　24
- 第四节　海洋体育运动发展的特征　　26
- 第五节　国内海洋体育发展的案例　　29
- 思考题　　32

第三章　海洋体育活动风险与防范　　33
- 第一节　海洋体育风险的基本含义与特征分类　　33
- 第二节　海洋体育风险管理与环节　　36
- 第三节　海洋体育风险识别　　41
- 第四节　海洋体育风险防范　　45
- 第五节　常见的海洋体育风险与预防措施　　49
- 第六节　海洋体育事故求救与信号的使用　　54
- 思考题　　61

第四章　滨海类海洋体育项目　　62
- 第一节　涉海日光浴　　62
- 第二节　海滩沙浴　　64

第三节　沙滩跑步　　　　　　　　　　　　　66
　　第四节　沙　雕　　　　　　　　　　　　　67
　　第五节　沙滩爬船网　　　　　　　　　　　69
　　第六节　沙滩大力士　　　　　　　　　　　70
　　第七节　沙滩拔河（滩涂拔河）　　　　　　71
　　第八节　沙滩摔跤（滩涂摔跤）　　　　　　73
　　第九节　沙滩放鸢　　　　　　　　　　　　77
　　第十节　赛泥马　　　　　　　　　　　　　81
　　第十一节　沙滩排球　　　　　　　　　　　84
　　第十二节　沙滩足球　　　　　　　　　　　89
　　第十三节　沙滩木球　　　　　　　　　　　93
　　第十四节　沙滩篮球　　　　　　　　　　　99
　　第十五节　沙滩卡巴迪　　　　　　　　　　100
　　第十六节　沙滩手球　　　　　　　　　　　101
　　思考题　　　　　　　　　　　　　　　　　110

第五章　海上类海洋体育项目　　　　　　　112

　　第一节　独木舟（皮划艇）　　　　　　　　112
　　第二节　海水泅渡　　　　　　　　　　　　120
　　第三节　摇舢板　　　　　　　　　　　　　121
　　第四节　水底功　　　　　　　　　　　　　122
　　第五节　海上跳水　　　　　　　　　　　　126
　　第六节　帆板帆船运动　　　　　　　　　　127
　　第八节　滑水运动　　　　　　　　　　　　131
　　第九节　海泳　　　　　　　　　　　　　　136
　　第十节　风筝冲浪　　　　　　　　　　　　139
　　第十一节　冲浪　　　　　　　　　　　　　142
　　第十二节　摩托艇　　　　　　　　　　　　146
　　第十三节　环球帆船赛　　　　　　　　　　157
　　思考题　　　　　　　　　　　　　　　　　158

第六章　海空类海洋体育项目　　　　　　　159

　　第一节　海上牵引伞　　　　　　　　　　　159
　　第二节　海上蹦极　　　　　　　　　　　　160
　　第三节　海上蛟龙　　　　　　　　　　　　163
　　思考题　　　　　　　　　　　　　　　　　165

第七章　岛礁岸（码头）海洋体育项目　　166

　　第一节　攀缘绳索　　166
　　第二节　拎石锁（举石墩）　　167
　　第三节　海　钓　　168
　　第四节　海岛野外生存生活　　173
　　思考题　　190

第八章　船上类海洋体育　　191

　　第一节　攀桅　　191
　　第二节　拔篷　　192
　　第三节　抛缆　　193
　　第四节　车锚　　195
　　第五节　舟山船拳　　196
　　第六节　龙舟竞渡　　197
　　第七节　清墩　　200
　　思　考　题　　203

第九章　海岛民间乐舞类海洋体育　　204

　　第一节　船灯舞　　204
　　第二节　鱼灯舞　　205
　　第三节　跳蚤舞　　206
　　第四节　海岛舞龙　　207
　　思考题　　210

第十章　海岛儿童类海洋体育游戏　　211

　　第一节　吹螺号　　211
　　第二节　赛船模　　213
　　第三节　捉　蟹　　215
　　思考题　　217

参考文献　　218

第一章 海洋体育概述

教学目标
1. 学习和掌握海洋体育概念。
2. 海洋体育内涵。
3. 海洋体育特征。
4. 海洋体育分类。
5. 海洋体育功能。
6. 海洋体育价值等概念。

海洋的形成距今已有40多亿年；海洋不仅是人类生命的发祥地，而且是人类未来的发展地，她以其特殊的魅力和意义吸引着人类。她是地球生态系统重要组成部分，与全球气候、生态环境以及人类未来等一系列重大问题密切相关。3.61亿平方千米的海洋占地球表面总面积的70.8%，海洋水量比陆地的体积大14倍，海洋不仅是一个巨大的资源宝库，而且孕育了灿烂丰富的海洋文化。海洋以清新的空气与充足的阳光（Sun）、松软的金色沙滩（Sand）与白色的海浪（Sea）构成了以"3S"著称的海洋休闲资源，成为人类运动、旅游、娱乐、疗养胜地；同时，海洋体育又是人类在开发利用海洋的实践中形成的体育财富，海洋体育便是在这样环境中发展起来。

第一节 海洋体育的概念

一、海洋体育概念的界定

"海洋"在《现代汉语词典》（第6版）中解释为"地球表面连成一体的海和

洋的统称",是一个自然地理学名词。通过总结文献资料,"海洋体育"的概念主要有以下几种表述形式为代表存在。2004年,学者滕海颖提出了"海洋体育"的概念,认为,"海洋体育是人类依据海洋资源而发展起来的一组(套)锻炼身心并使其健康的运动项目"。凌平认为,"海洋体育是指人类在开发和利用海洋的体育实践中形成的精神财富和物质财富的总和";鲍明晓认为,"海洋体育是人们利用海洋资源和环境,有目的地开展运动休闲活动的总称"。郑婕将海洋体育定义为:以海洋生态系统为活动空间,以满足大众休闲娱乐和健康需求为目的,依托海洋资源而进行的促进身心和谐发展的一种社会文化活动。

综上所述,是从不同的角度对海洋体育概念进行表述,但都有以下几个共性:一有海洋资源,二有指向性,三有活动(休闲、竞技等)形式。因此,海洋体育是依托海洋环境三维空间的资源,为增进身心健康而进行的竞技、健身、旅游、娱乐、休闲、交流等具有鲜明的涉海性体育运动。

二、"海洋体育"与"滨海体育"的区别

"海洋体育"与"滨海体育"的区别主要有以下几项。

第一个区别主要在使用频率和区域。近些年在广东、浙江等省都在开展海洋体育运动,如海钓、风筝冲浪、滨海游泳、沙滩运动、海岛野外生存、环岛自行车、泥滩湿地运动等涉海体育运动项目如雨后春笋般地蓬勃兴起,推动了海洋体育迅速发展。广东和浙江都是海洋大省,广东学者使用"滨海体育"为多,浙江学者使用"海洋体育"为多。

第二个区别则是名词术语方面。通过数据整理和分析,集中在"海洋体育"和"滨海体育"这两个名词上。广东学者曹卫认为,"滨海体育"是"在海边、沙滩、珊瑚礁、岛屿和近海等区域活动,以体育或运动的内容和形式进行",此处把"近海"也纳入了滨海概念范畴。按照《现代汉语词典》解释"滨海"的含义,其有两种意思:①水边,近水的地方;②靠近(水边)。笔者认为这一解释扩大了滨海的概念;两种观点的分歧在于对"滨海"和"海洋"研究范畴的大小、概念关系和对其外延属性的理解不同,但研究内容都是涉海体育;无论是"海洋体育",还是"滨海体育",虽然名称各异,但研究内容和发展方向上并不对立,都是涉海体育。从总体上说,其研究与实践在中国属于刚起步阶段,学术理论研

究和实践经验所积累的深厚程度还远远不足，需要在实践中不断探索和研究以充实其理论体系。

第二节 海洋体育的内涵

海洋体育是指人类在开发和利用海洋实践中形成的体育的精神财富和物质财富的总和；是人类依据海洋创造发明的体育活动、体育项目、体育行为、体育规则、体育器材和体育场地（包括自然的和人工的）；是人类基于对海洋的认识创造出来的体育精神、体育行为、体育制度和体育物化产品的文化或文明。海洋体育的本质，就是人类与海洋互动的产物，如潜水、冲浪、帆船、帆板、滑水、划船、游艇、游泳以及与海洋湿地、沙滩有关的沙滩排球、沙滩足球等滨海运动项目、运动文化和人文景观等。海洋体育内容繁多，形式多样、包括海面上、海水中、海面下、船上、码头、滩涂、海岛以及悬崖等开展的体育活动。

海洋体育也是人类在开发利用海洋的实践中形成的精神财富，如海洋体育价值、海洋体育观念、海洋体育思想、海洋体育意识、海洋运动心态以及由此而形成的海洋运动生活方式，都属于海洋体育的文化范畴。海洋也是人类耐力、体力、智力、智慧的展示平台，海洋体育文化中崇尚力量的品格，崇尚自由的天性，其强烈的个体自觉意识、竞争意识和开拓意识，都比陆地体育文化更富有开放性、外向性、兼容性、冒险性、神秘性、开拓性、原创性和进取精神。

"海洋体育"既有体育文化的一般特征，又有其特殊性。由"海洋体育"形成的"海洋体育文化"可以帮助人类认识海洋、适应海洋、理解海洋、保护海洋和利用海洋。

第三节 海洋体育的特征

海洋体育属于体育的范畴，它具有一般的体育特征外，还有其自身的特殊性，即海洋体育有涉海性、地域性、动态性、流动性、柔力性、劳动性、柔美性与粗犷性等主要特征。

一、涉海性

海洋体育运动方式与海洋自然环境、海洋生产要素密切联系，其运动的主体也是以涉海民众为主，运动的地点是在海上、船上、海滩、海空、岛礁等涉海空间。因此，涉海性是海洋体育的最大特征，海洋体育离开了涉海性，就无海洋体育可言。

二、地域性

俗话说"十里不同风，百里不同俗"，我国海岸线漫长，岛屿众多，沿海地区民众的海洋生活习惯、风俗存在着明显的差异性。因此，形成的海洋体育活动也就多姿多彩、各不相同，如北方的"赛艇"与南方的"摇舢板"；然而在相同地域上的自然生态环境和社会人文海洋意识中，沿海地区和海岛民间民俗体育也具有不同的地域性色彩，形成了一定的地域性差异，海洋体育的地域性差异在海洋文化地域性的一个表现。

三、动态性

动态性是海洋体育的内在的、本质的要素，同时，也体现了海洋体育在运动过程中的不可预判性和随机性，这就要求海洋体育运动者要"随波逐流"，在运动表象的意念中要把握住内在的运动稳态，要把握好"海动""身动"与"形动""心动"之间的节奏性与和谐性。

四、流动性

流动性是海洋体育的又一基本特征，人类在开展海洋体育时，船是海洋体育的载体，借助于海洋的流动性，将一个地方的文化播布开去，同异域的文化进行融合；异域文化通过船和海洋又传播回来，这就是海洋体育的流动性。这样的流动过程，是不同地区不同文化的相互辐射、交流、吸收、融合的过程，也是海洋体育文化得以传播、发展、传承、变迁的历史过程。如在沈家门举行的渔港全国舢板大赛,就是通过不同地区不同文化相互流动的过程。

五、柔力性

柔力性是海洋体育的一大特征,明显区别于陆地体育运动的发力具有"刚"性,如跑、跳等。因此,参与海洋体育运动,人体需要更好的身体平衡性和协调性,参与海洋体育运动比陆地体育消耗更多的能量,这就是海洋体育运动的魅力所在。

六、劳作性

从一些海洋体育项目的产生上看,可以发现海洋体育的项目与海岛渔民生产劳作方式密切相关,海洋体育活动一些项目就是渔民生产劳作模式、生存依赖方式和日常劳作活动的内容。

七、柔美与粗犷

海洋具有非常鲜明的个性,平静时如处子,风平浪静;狂澜时如猛虎下山,涛声如虎啸,体现了大海的柔美与粗犷。同样,这种柔美与粗犷也体现在海洋体育运动中,如冲浪运动中,在狂澜巨浪下冲浪更是柔美与粗犷相结合的体现。

第四节 海洋体育的分类

一、按海洋体育活动区域和涉海特性分类

根据海洋体育活动区域的范畴和涉海特性,把海洋体育划分为"滨海体育""近海体育"和"远洋体育",见表1-1。

表 1-1 海洋体育分类一览表

分类	亚类		项目
滨海体育	海滩体育	沙滩体育	沙滩排球、沙滩足球、沙滩拔河、沙滩拉船、掏沙蟹、海滩放鸢、抢窗角、海边织网
		滩涂湿地体育	赛泥马、泥滩摔跤、泥钓等
		砾石体育	飞水石
	岛礁岸体育	码头体育	缆绳抛准、滩岩垂钓、攀缘绳索、捡"泥螺"、织网、劈鱼鲞、拎石锁
近海体育	海上体育		海泳、风筝冲浪、海洋航模、骑马打
	海下体育		攻淡菜、水底功
	海空体育		海上跳伞、摩托艇牵引伞、海上热气球、海上动力伞、海上滑翔翼
	船上体育		摇橹、船头套缆、船头拔河、舟山船拳、抛蟹笼、爬桅杆、拔篷（升帆）、手拉起锚、龙舟竞渡
远洋体育			帆船环球航行、环球游艇赛

1. 滨海体育

滨海是陆地系统和海洋系统的一个接合部，海陆相互作用而变化的活跃地带，是一个敏感带、过渡带，是地球生态系统的一个基本组成部分，是地球系统科学的重要组成部分。关于滨海区的范围，目前尚无通用的标准，各国对滨海区的范围划分差别很大，定义较多，划分标准较多，如按自然地理标准、经济地理标准、行政区域标准、距离标准等来划分。按照我国给出的定义，滨海体育是指在海岸线、潮间带、岛礁等区域内进行的临海的陆地性体育运动。

2. 近海体育

首先要理解"近海"的概念，对于"近海"概念的理解，目前并无统一、通用的定义和界定，不同的领域、不同的研究学者对近海区域有不同的认识和理解，其空间尺度范围的划分亦是千差万别。"近海"的意思是"靠近陆地的海域"。如杜震洪博士对"近海"概念界定为"近海区域其空间尺度范围设定为海岸线与 30 米等深线之间的海岸带区域"。因此，可以借鉴此概念的定义把近海体育理解为"在海岸线与一定深度（没有具体标准数字）的等深线（等深线是指在海洋或湖泊中，相同深度的各点连接成封闭曲线，按比例缩小后垂直投影到平面上，所形成的曲线）之间的海岸带区域内进行的涉海体育运动",如"近海潜水""海滨海泳"等。这里的"30米"也不是固定不变和是标准基数,没有明确的范围。

3. 远洋体育

理解了近海体育的概念,我们就能很好地理解远洋体育,即在海岸线与一定深度的等深线以外区域进行的涉海体育运动,如深海潜水,帆船环球航行、环球游艇赛等。

二、按海洋体育活动的目的、性质分类

根据开展海洋体育活动的目的、性质的不同来划分,主要可分为竞技海洋体育、海洋休闲体育、海洋民俗体育。分类也不是一成不变的,可根据参与的目的进行转换。

1. 竞技海洋体育

竞技海洋体育是以胜负为比赛目的的海洋体育活动。竞技海洋体育与休闲海洋体育、娱乐海洋体育等不存在明显的界限,主要是通过比赛技艺来确定的活动性质。因此,竞技海洋体育是指列入国家级比赛层面以上、公认的比赛规则的海洋体育项目,如世界杯沙滩足球赛、沙滩足球世界锦标赛、职业沙滩足球联赛、奥运会沙滩排球赛、沙滩排球世界杯赛、世界沙滩排球公开赛、奥运会帆船帆板比赛、世界环球帆船比赛。

2. 海洋休闲体育

海洋休闲体育是以休闲、旅游、娱乐、康体等为目的的海洋体育活动。如:在沙滩上进行日光浴,就是一种康体行为,也是一种休闲行为;参加旅游团到海滩参加海泳,就是一种旅游、休闲、娱乐行为。

3. 海洋民俗体育

海洋民俗体育是指涉海民众在生产劳动活动和民间风俗生活中,依托多种需要而产生并发展起来的,在涉海时空范围内流传的与健身、娱乐、竞技、表演有关的海洋体育活动形式。海洋民俗体育主要集中在当地沿海和海岛地区民众的生活中,如"海滩拔河""拎石大刀""泥马",它们既是生产工具,也是海洋民俗

体育活动内容和器械。

以上分类没有把海洋体育活动项目局限或固定在某类大项上，主要是以运动目的和性质为主进行分类。

第五节　海洋体育的功能

一、海洋体育的社会文化功能

体育作为一种群体性聚会方式，本身具有社会的交流功能。2008年北京奥运会后，中国进入了"后奥运"时代，海洋体育活动消费更多表现为亲近海洋、亲近大自然和愉悦精神的文化消费，人们在参与一项海洋体育活动的同时也在融入一种海洋文化。无论是小范围的海洋体育锻炼或是较大区域的海洋体育赛事，海洋体育活动自始至终都发挥着强大的社会文化功能，海洋体育可以展示沿海和海岛的地域和海域文化，规范人们的社会行为，促进精神文明建设。

1. 教导、调控、规范与传承

流行于浙江的攻淡菜、拖渔船、织网、爬桅杆、摇舢板等传统海洋体育活动，源起于人们日常的生产活动；在浙江嵊泗列岛和东极岛上的渔民中，过去采用的"憋气"潜海原始采摘贻贝方式，称为"攻淡菜"。因这种劳作方式具有一定的竞技性，如今已演变成一种广为流行的海洋体育活动。

海岛民众在长期的生产活动中创造了丰富多彩的海洋体育活动，既可以放松身心，又能发挥文化教导功能，表现了海岛民众勤于劳作、精于技艺的传承思想。以海洋体育的形式对海岛民众的生产活动进行概括，利于人们在开展海洋体育活动过程中，领悟以及实现海洋体育之外的社会生活要求。此外，在海洋文化土壤中形成的海洋体育，在某种层面上向世人传达了"海纳百川，自强不息"的信念。

因此，海洋体育活动也构成了相应的文化环境，反过来影响人自身的发展。海洋体育的文化内涵可以传承、转化、教育为当代人的价值观念、思维方式和生存智慧，可以影响社会风气，对于社会秩序的建立和维护发挥着它的文化教导功能。

2. 具有交流功能

海洋体育是海洋文化的一个表达符号和实现方式，展示的是一个沿海和海岛的海洋体育文化与创意。如舟山船拳，源于舟山群岛民众因倭寇横行，海盗猖獗，海岛渔民为护船、防身、御敌等需要而盛行，融合吴越船拳特点而创造的一种拳术，极具海岛特色和浓郁的海洋生活气息。现在，今舟山船拳已作为一种休闲活动在人们的日常生活、学习、工作中开展，使得越来越多的人了解到舟山一带的文化，对全民健身运动具有较好的促进作用。

近些年来，一些大型海洋体育赛事的举办，使人们也开始关注赛事举办地。人们前往沿海地区观看比赛的同时，也亲身感受举办地的海洋风土人情，增进了对沿海和海岛的认知；持久的海洋体育活动和稳定的消费群体可以形成一条海洋体育文化沟通渠道，促进地区间的交流与合作。

随着社会的发展，人们对生活、健康的理念也逐渐改变，亲近大自然，参与滨海休闲的人越来越多。这不仅为海洋体育文化提供了展示的平台，也使海洋文化给人们留下了深刻的印象。

3. 具有文明建设功能

生命起源于海洋，海边的人们以楫为马、以舟为车、以海为田、以岛为家，克服了自然环境条件所带来的种种困难，发挥聪明才智，形成独具特色的文化形态，在创造了丰富的海洋文化的同时，形成了适合于海岛、生产和自身生活方式带有鲜明特色的海洋体育文化。

海洋体育文化是体育文化中极具特色的一个组成部分，据舟山本岛出土的大量文物显示，早在新石器时期，舟山群岛上不仅有人类的活动踪迹，而且有了最早的一批原始岛民。到了新石器时代的晚期，木板船的诞生，并陆续发明和使用了"舵""桨"等船具；沿海地区的人民为了生存和延续，掌握了各种渔猎技能。这些技能演化成各种体育活动作为一种社会文化现象代代相传，逐渐形成了如今独特的海洋体育文化。对某一特定的城市而言，海洋体育文化可以丰富本地文化，提升当地的文化品位，进而成为一座城市的形象标识之一。如成功举办了奥运会帆船比赛的青岛，近年来着力打造帆船文化，"帆船之都"的新形象深入人心。

丰富多彩的海洋体育运动，具有健康的娱乐休闲价值，可以有效地丰富民众的休闲生活。在工作之余，人们投身于海洋体育运动中，可以促进健康交往，增进团结，形成健康向上、积极乐观的生活方式，抵制了腐朽、落后的休闲行为，促进所在区域的精神文明建设。

二、海洋体育的经济功能

体育与经济的关系是双向的，它们相互促进，相互影响。

1. 海洋体育的经济效益

随着全球经济的快速发展及人们生活水平的进一步提高，休闲体育的观念深入人心，近年来全世界旅游群体中以消遣娱乐、健身康复为目的的旅游者所占比例最大（近25%）。在此前提下，海洋旅游的兴盛无疑会将更多的海洋体育项目纳入消费的范畴，相关产业随之发展，增加了社会整体经济效益。

首先，海洋体育的兴起拉动海洋体育用品的需求与消费，促进海洋体育用品制造业的发展。

其次，海洋体育活动的开展，引发更大范围的海洋体育休闲旅游现象，在丰富海洋旅游活动的内容的同时促进了海洋体育旅游高水平发展，成为新的经济增长点。

再次，海洋体育的深层次开发，必将促进海洋体育服务业的发展，能够有效地促进就业。

2. 大型海洋体育赛事经济贡献明显

自1984年美国洛杉矶奥运会赛事实现盈利之后，大型体育赛事的经济价值逐渐得到广泛认可。但就目前沿海和海岛地区海洋体育活动开展的形式来看，无论是独立的海洋体育类赛事，或是将海洋体育赛事与海岛风情结合的节庆活动，都能为本地区经济做出积极的、突出的贡献。在欠发达的沿海与海岛地区，海洋体育赛事的开展所产生的经济影响将是持久和不可估量的。

2011年5月，岱山岛举行了浙江省首届海洋体育运动会，几乎囊括了所有海洋体育竞赛项目。共分沙滩、海涂、海上三大块五个类别，设23个大项、99个小项。

比赛项目既有沙滩足球、沙滩排球、沙滩拔河、海上游泳等传统竞技类赛事，也有较为时尚的沙滩健美、沙滩大力士等休闲运动赛事；既有源于渔民劳动和生活的赛事，如沙滩抛蟹笼、沙滩捡花蛤、沙滩爬船网、海涂钓鱼和运鱼等，也有趣味十足的新颖项目，如海滩障碍接力、海涂趣味三项、海上救生等。

沙滩铁人三项、海涂摔跤、海涂速滑、海涂手球等新开发的海洋新型运动比赛同样非常吸引眼球。海洋体育赛事也为本地的经济发展有一定的贡献值，如"中国青岛海洋节""中国舟山的休渔节""舟山国际沙雕节""海南环岛帆船赛"及"亚洲沙滩运动会"等大型节庆体育赛事的举行，都促使沿海城市和海岛地区的经济结构进行调整，改善了海洋经济发展环境。以海洋体育品牌赛事为载体，不仅赋予传统海洋体育新的内容，极大地丰富了海洋体育文化，更重要的是提升沿海与海岛城市的知名度，最终带动沿海与海岛周边区域形成一个集海洋休闲、海洋娱乐、海洋体育赛事为一体的海洋体育经济示范区。这将有助于形成聚集资金、技术、人才、信息的"洼地"，为欠发达的沿海和海岛地区拓宽经济发展渠道。

三、海洋体育的环境功能

海洋体育是通过其展开形式以及参与者间接地影响环境，发挥环境功能。由于良好的海洋自然环境是发展海洋休闲、海洋旅游业、海洋体育等不可缺少的先决条件之一。当人们以休闲、旅游、娱乐、健身等为目的参与海洋体育活动或是观看海洋体育赛事时，这一条件就更显重要。休闲体育奠定了城市设计、管理以及公共服务的基准，在城市建设中扮演着重要的角色；同样，海洋体育对海洋环境发挥着重要影响，帮助人们与海洋和谐友好相处。

1. 促成人与海洋的和谐状态

海洋体育是在海洋时空范围内流传的与健康、娱乐、休闲、表演有关的活动形态。从文化角度来看，海洋体育是一种行为文化，它反映着中华民族的性格和价值取向。在以人为本、天人合一的中国传统文化背景下，古人一方面认为自然万物均可滋养人性、陶冶性情；另一方面又奉海洋自然为"神"。沿海与海岛民众创造出来的海洋体育运动本身就是人与海洋自然间联系的一座桥梁，追求的是与海洋自然的和谐统一。海洋是人类生命的摇篮，海洋体育符合人类与生俱来的亲水天性，是人们走向海洋、回归海洋的一个重要载体。海洋体育运动多在海上、沙滩、滩涂等户外场地开展，借此人们与海洋近距离接触，可以呼吸新鲜空气，活动身体，舒展筋骨，达到增强体质、娱乐身心、提高生命质量、延年益寿的目的。

2. 保护海洋资源，实现可持续发展

当人们通过海洋体育满足了自身的休闲需求后，关注的重点从自身转向自然。人们更多考虑的是如何保护和发展这些优质的海洋自然资源和载体，使子孙后代也可以享受海洋体育所带来的愉悦体验。海洋体育可以促使人们产生保护海洋环境的意识，而这种环保意识的产生对于海洋资源的可持续利用是十分重要的。被海钓一族誉为"矶钓天堂"的浙江渔山列岛海域，由于近年来海钓活动的盛行以及休闲渔业的发展，人们开始意识到保护渔业资源的重要性。2010年，舟山市政府斥巨资，将70座人工鱼礁投放到该海域。这种人为设置的构造物，可以为鱼类等水生生物栖息、生长、繁育提供必要又安全的场所，可以实现保护增殖渔业资源、促进海洋渔业和海洋体育可持续发展的目的。

一般而言，各项海洋体育活动的开展对海洋自然环境都会造成不同程度的影响。尽管有些海洋体育活动在表面上看对环境有着不利影响，但从长远来看，由此引发的主动维护和修复功能又会对环境进行优化，促进环境的良性发展，也正因如此，海洋体育的环境功能将会更加完善和强大。

第六节　海洋体育的价值

一、发展海洋体育具有深远的社会意义

海洋体育文化作为海洋文化的一个分支，以其独特的文化特征、深厚的文化内涵、多元的价值功能来丰富"文化强国"建设的内涵，形成有优势、有特色的海洋文化建设体系框架，推进海洋文化建设的全面发展。海洋体育将激发人们自强不息、拼搏向上的精神；塑造海岛人民团结奋斗、社会稳定的形象；展示中国丰富的海洋文化；丰富旅游品种、推进海洋旅游业可持续发展，传播海洋体育文化，让中国走向世界，让世界了解中国。

二、海洋体育具有强身健体，愉悦身心的价值

由于海洋体育的文化属性及其运动形态，海洋体育在增强沿海与海岛民众的体质、自娱自乐等具有特殊意义。海洋体育大多起源于渔民生产生活，如爬桅、抛缆、升帆、抛缆、摇船、攻淡菜、织网、攀缘绳索、拎石锁、举石墩等，既是人们生产生活的技能，又是体育活动的手段。强健体魄不仅是涉海人们面对自然（海洋）挑战的需要，而且是维系涉海民众生存与发展的保证；撒网、拔网、钓鱼、海滩摔跤、海滩放鸢（风筝）、抢窗角、飞水石、淘鱼、拣鱼、晒鲞，都具有普遍的健身性、娱乐性和民俗性。海洋体育在相对开放的自然（海洋）与社会环境中，成为沿海与海岛地区民众主要的休闲娱乐方式，调节人们的心情，丰富社会文化生活，增进渔民的身心健康。

三、海洋体育具有传承文化的教育价值

体育，作为人类教育的组成部分，源于早期的原始社会。在人类最早的文字尚未形成之前，原始教育的内容就是向后代传授一些生产、生活技能及自卫能力，在人们爬山、攀岩、狩猎、采集的生活技能传授中，都留下了原始体育的烙印。在现代海洋体育活动中，有些运动技能就是人们生产、生活的技能。在浙江的嵊山和东极等岛屿，有些大的贻贝生长在礁石的底部，在海下 3~4 米处，采贝人必须潜入礁底才能采集，俗称"攻淡菜""水底攻"，也叫"潜水"。这些岛屿的渔民，自幼就接受这方面的训练和培养，这一生产、生活技能的传授得以传承。在今天，我们仍可以清晰地从一些海洋体育项目中看到一些海洋体育文化的精华，它将一个地区的历史、文化、风俗、民族精神等因素完整地反映出来。如"泥马"，为明代抗倭名将戚继光所创；在舟山朱家尖顺母涂，明朝时是一片面积很大的海涂，人不能行走，马不能进，入涂则陷泥。为了在舟山滩涂中追击倭寇，戚继光发明了一种用板做的似马非马的器具，名为"泥马"，在战斗中果显奇效。后人效仿，流传到今，在浙江沿海地区和海岛滩涂上用作生产，后来逐渐成为现代海洋体育竞技项目。另外还有些海洋体育活动中还具有积极向上的进取精神与道德教育的积极因素，对人们形成良好的社会道德规范和心理素质具有重要意义，如摇橹、

升帆、环球帆船等。因此，海洋体育具有传承文化的教育功能。

四、促进民心凝聚，加强团结的价值

人们在具体的规则和规范限制下进行的海洋体育活动也是一种社交活动。海洋体育节日集会是沿海和海岛民众中最重要的一种社会交往活动，它可以消除因地理环境的相对封闭和文化传统的差异带来的障碍，为广大民众提供感情交流和文化交往的社会媒介环境。通过海洋体育活动，有助于增进各地民众交流，改善关系，加强团结。

五、开发海洋旅游资源优势，发展海洋的经济的价值

在一些沿海和海岛地区上，不乏佛教文化景观、山海自然景观、海岛渔俗景观、历史人文景观。在这里，蓝天、碧海、绿岛、金沙、白浪是海洋文化旅游的主色调。是开发海洋文化旅游业的宝贵资源。随着现代人在旅游活动中求知、求乐、求动、求健、求奇的心理趋向日趋发展，海洋旅游方式日趋多样化、个性化、大众化、人文化，人们要求海洋旅游业中提供更丰富的精神产品和娱乐产品。因此，开发丰富多彩的海洋体育文化旅游资源，在发展海洋文化旅游中就显得更为迫切、更为重要。近年来，海洋旅游方兴未艾，尤其是海洋体育旅游以更丰富、更刺激、更有趣的内容满足着现代人多层面的需求，正在沿海与岛屿地区蓬勃兴旺地发展着。海洋体育多彩的民俗特色、神奇的海洋文化魅力将会吸引国内外更多的游客前来游览观赏，推进海洋体育文化的向外传播，推进海洋文化旅游业的迅速发展。

思 考 题

1. 海洋体育的概念是什么？
2. 海洋体育的特征有哪些？
3. 海洋体育是如何分类的？

4. 海洋体育有哪些价值？
5. 海洋体育有哪些功能？
6. 简述海洋体育在发展海洋经济中的作用。
7. 简述海洋体育在"文化强国"的作用。

第二章 海洋体育运动的发展

教学目标
1. 学习和了解国内外海洋体育发展进程。
2. 掌握发展海洋体育的意义和特征，了解我国海洋体育发展主要存在的问题。
3. 思考海洋体育发展的策略。

海洋体育的发展是随着社会生产力的发展而发展，处于萌芽时期的海洋体育是人们无意识的涉海生产劳动行为，用以获取生活资料，海洋体育对沿海和海岛地区的生产、生活起到了重要的促进作用；随着社会的发展和生产力的提高，海洋生产力得到空前的发展，海洋体育也发生巨大的变化和发展，有些从海洋生产中脱离了，成为人们休闲活动的项目，有些在海洋生产力发展中产生了新的项目，有些则被淘汰了等。海洋体育的发展历程正是社会发展的一个间接展示，也是海洋社会发展的侧面反映。

第一节 国外海洋体育运动发展

根据海洋体育的发展历程可以分为 4 个阶段。

第一阶段：治病疗养阶段。这一阶段是海滨体育的萌芽时期，此阶段开展主要是以滨海浴场为主，进行滨海游泳和海水浴；最早的滨海浴场出现于 1730 年英国的斯卡伯勒和布赖顿，以王室、贵族以及少量的商人为主体，主要产品包括海水浴、阳光浴等以治病、医疗保养以及少量的娱乐活动为主；滨海浴场所在地以英国、法国等沿海的海滨旅游区为主。

第二阶段：滨海健身和休闲阶段。在19世纪中叶，人们在欧洲大西洋沿岸、波罗的海沿岸开辟众多的滨海疗养地，利用海水浴、阳光浴治病和医疗保养，充分发挥海洋体育的健身价值；同时，在传统的医疗浴等保健产品基础上增加了许多参与性海洋体育运动与娱乐项目，主要以水上或滨海陆地体育活动和室内游乐为主。这个阶段除了传统的滨海体育活动外，还出现了水上娱乐项目，如滑水、摩托艇、空中跳伞。

第三阶段：滨海运动阶段。20世纪初，地中海沿岸、美国的加利佛尼亚、夏威夷等地出现了沙滩、水上运动项目，如沙滩排球、冲浪等滨海运动项目。

第四阶段：海洋体育阶段。20世纪中叶，热带滨海旅游迅速崛起，依托气候优势，大力发展"3S"（Sun，Sea，Sand），海底观光、水上体育，海洋体育活动迅速发展。这个阶段海洋体育休闲度假旅游产品具有多样化、高科技化等诸多特点，度假设施趋于系统化和专业化，出现了众多大型的旅游度假村、度假俱乐部以及大型的度假娱乐设施，世界各旅游大国如德国、西班牙、英国、美国、法国、意大利、日本等海洋旅游活动频繁。

国外海洋体育发展范例介绍如下。

一、国际帆船之都——德国基尔

德国基尔是世界"帆船之都"，拥有悠久的历史，德国"基尔帆船周"更是享誉全球，被誉为北欧最盛大的夏季节日。

基尔市位于德国北部，是石荷州首府。1936年和1972年在德国举办的奥运会的帆船赛让当地的帆船产业提速发展，向更深更远延伸。每年6月，它会成为世界帆船运动之都——"基尔帆船周"是全球范围内为帆船运动举行的规模最大的一项活动。基尔目前有数万艘游艇，可同时接待130万游客，其中大多数游客是为帆船而来。每年的帆船旅游收入达7.5亿欧元，这已成为当地重要的支柱产业。基尔每年举办的帆船比赛有大约2000艘帆船参赛，共有50余个国家和地区的5000多名帆船运动员参加，包括16个级别的帆船比赛。很多游客都是为帆船而来基尔。

"基尔帆船周"堪称世界上最重要的帆船赛之一，也是世界上持续时间最长的帆船周（10天）每年有300万~500万的游客，为基尔带来3400万欧元的收入。

但是帆船速度的拼搏并不是"基尔帆船周"活动的唯一内容，大约 100 条大型传统帆船将参加在基尔周第二个星期六举行的游行。高桅横帆船游行是整个活动的高潮之一。帆船和水上旅游业在这个地区具有特别重要的意义。石荷州建有 250 个运动艇港口和约 23000 个泊位。"基尔帆船周"期间，观众们可以免费欣赏到几乎不间断的文艺演出。

基尔要向世界展示自己的开放和好客。为了体现国际融合的精神，市政厅广场上还举办免费语言课，包括英语、西班牙语、葡萄牙语、丹麦语、挪威语和土耳其语。

此外，帆船已成为基尔市民生活的一部分。目前，基尔有 34 个不同种类的帆船俱乐部，囊括各种级别，在岸边有很多帆船的配套设施和码头——很多设施都是免费的，每个基尔人都以自己的方式来享受帆船运动。

二、地中海的明珠——西班牙瓦伦西亚

瓦伦西亚市位于西班牙东南部，东濒大海，背靠广阔的平原，四季常青，气候宜人，被誉为地中海西岸的一颗明珠。瓦伦西亚的海岸线多为平直，而阿利坎特以北，山脉一直伸到海边。这里海岸线多岩石，景色美丽，长长的海滩闪烁着白色的砂砾，被称为"白色海岸"。

瓦伦西亚海港的中心是举办美洲杯帆船赛的码头。美洲杯帆船赛是帆船运动中最著名也是最古老的体育比赛之一。比赛奖杯是银质大口水罐，奖励给来自不同国家的两艘帆船之间举行的九局五胜制比赛的胜者。两艘帆船中，一艘代表卫冕冠军游艇俱乐部，另一艘则代表俱乐部挑战奖杯。与奥运会选择主办城市相仿，美洲杯帆船赛（简称"美帆赛"）通过复杂且严格的甄选程序来确定决赛主办城市，这也是美洲杯帆船赛历史上的一个创举。瓦伦西亚的地理优势及稳定的海风使得其能提供最好的帆船赛举办条件以及观赏条件。

三、海上运动的圣地——美国夏威夷

浩瀚的太平洋中北部，点缀着一串岛屿，这就是美国的夏威夷群岛。夏威夷群岛由 100 多个大小岛屿组成，是世界上旅游业最发达的地方之一，不过吸引游

客的并非是名胜古迹，而是它得天独厚的美丽环境以及夏威夷人传统的热情、友善、诚挚。每年大约有 700 万名游客参观这个大自然最美的创造。在欧胡岛上就有长约 80 千米的美丽海滩，在大岛上有黑沙滩和罕见的绿橄榄石沙滩。夏威夷也是世界有名的海洋体育运动胜地，在这里浮潜，从专用的小船到豪华的观光邮轮，从网球场到高尔夫球场等一应俱全，大部分的旅馆都为住客提供运动器材，包括有氧运动设备和爬山导游等服务。

夏威夷是海上运动的圣地，这里有世界上最好的风浪运动场所。由于受季风的影响，夏季从北太平洋吹来的海浪可达 4 米，有些浪高甚至可高达 8 米以上，冲浪者可滑行 800 米以上。欧胡岛北方有许多适合冲浪运动的海滩，在冬季，这里有世界上最具挑战性的海浪等待着世界各地的冲浪爱好者前来挑战。

夏威夷已成为著名的世界水上体育运动中心，许多世界级的大型水上运动比赛都在这里举行。

第二节　国内海洋体育运动发展

一、农耕时代的海洋体育形态

据大量的海洋性文物出土考证显示，我国早在新石器时期，沿岸和海岛上不仅有人类的活动踪迹，同时还有余姚河姆渡时期的石器（石斧、石刀、石锛）、陶器、骨器、完整的独木舟、兽骨、鱼骨、蛤蜊、贝壳等，有稻谷遗存，石斧、石刀是新石器时期的耕作工具，而石锛则是制作独木舟的利器；到了新石器时代的晚期木板船的诞生，并陆续发明和使用了"舵""桨"等船具。从《易·系辞》中云"结绳而为网罟，以佃以渔"和《物源》中说"禹效鲎制帆"得知及从出土的石纺轮、陶纺轮、骨针及网坠考证，那时已有了帆和网，表明沿海和海岛先民已学会了栽培水稻技术和掌握了行舟捕鱼技术，沿海和海岛先民已能制造并驾驭性能良好的独木舟在沿海或近海水域进行简易的海洋捕捞活动。他们以稻米为主食，以海鲜为辅食，开创了海洋渔业生产新纪元，为海洋渔业生产习俗的形成和发展带来了新的机遇。在发掘的石器中还发现有石料质地坚硬、形似柳叶的石箭头、矛头。据考证研究，这些石器是标枪和弓箭的原始雏形，在滩涂和近海岸投射用于射鱼和刺鱼。这些都说明这一时期沿海和海岛先民已脱离了刀耕火种时代进入了农耕农业阶段，海岛先民对原始劳动工具的使用，逐渐形成了古代海洋体育的雏形。农耕农业时空的海洋体育是在古老的、原始的、简单的生产工具中存在，也是古代海洋体育形态形成的萌芽时期。

二、非机械化时代的海洋体育形态

从农耕农业时代到非机械化时代海洋渔业生产力进步的一大标志是独木舟演变到船的使用。船的使用，使沿海和海岛先民渐渐远离了滩涂和近海岸，产生了真正意义上的渔业生产，船的运用提高了渔业生产力，拓宽了渔业产业链。同样，也使海洋体育形成呈现多样化，渐渐形成了船上类劳作体育竞技、海上类劳作体育竞技、岸上类劳作体育竞技、海洋宗教类体育竞技。

农耕农业时代之后到工业社会时代来临之前，我们称之为非机械化时代。那时行舟，船上没有机械能驱动，全靠帆（帆俗称"篷"）借风力和水手划桨（俗称"摇橹"）行进，更没有起网机起网（俗称"拔网"）、车锚机起锚（俗称"拔锚"），渔业生产力较农耕农业时代有了较大的进步；《竹书纪年》中说"东狩于海，获大鱼"，说明海岛先民出海捕鱼和航海探险的活动已相当频繁；到春秋战国时期有了专门的造船工场，称之为"船宫"或"船室"，且船只类型繁多，有战船、渔船、商船、宝船等。同时，越海航行日益活跃，规模巨大，如徐福东渡等，充分说明了沿海和海岛先民已掌握了造船和航海技术，海岛居民的渔业生产力得到了显著提高。但非机械化时代的渔业生产力水平仍然十分低下，以体力劳作为主。如明朝的《筹海图编》中，船桅顶上有"兜椅"，用作渔船出海航行时的瞭望和观测鱼情之用，或船在行驶中帆篷出故障需要修理时等必须要人攀桅而上，从而产生了"攀桅"竞技。同样，摇船、划桨、升帆、抛缆、车锚竞技等船上类劳作体育竞技形态与海洋渔业生产密切相关。船上类劳作体育竞技名为竞技，实为渔民劳作竞赛。

俗说"靠山吃山，靠海吃海"，海岛的先民在漫长的岁月里生于斯、长于斯，开门见海，出门下海，从小练就了一身海上类劳作的生产技能。如潜水、游泳、跳水三种则是海上类劳作的主要内容，其形成与海岛特定的生产方式相关联。东极岛流传着一种抱空酒坛踏海游的姿势,雅称"太白醉酒游"。这种运动到现在演变为搬酒坛过海,人走在船与岸之间架设上下震荡的、摇晃的跳板,抱着装满酒的酒坛行走,需要一定平衡性和稳定性才能走到渔船上,考验一个人的定力和稳定性。海岛渔民处于海洋环境为背景的群居生活状态,以渔民豪爽的性格相互间很容易形成争胜好强的竞技行为,为海上类劳作海洋体育技能相互间交流提供了一个平台,推进了海上劳作竞技的传承和发展。

岸的基本含义是水边的陆地,也是船舶停靠的地方,是码头、海滩的统称;岸是船舶停靠后维修、装卸、堆放货物的场所,岸也是渔民、鱼贩、装卸工、船匠(维修工)等相关人员云集的地方,这为岸上类劳作的海洋体育的开展和交流提供了良好的场所。在渔港码头上,可以看到用于渔船大网的网坠或压舱石之用的石锁(又称石柱)和石墩(又称石大刀)。这些常被渔民、装卸工等人员在岸上劳作之余,用作臂力锻炼或举行比赛项目之用,如拎石锁、举石墩项目,获胜者被称为大力士。攀缘绳索又称爬缆绳,当渔船泊在港口中未相靠渔港码头,无法用小舢板摆渡或用跳板(连接船舶和码头间一块窄板,用于船员上下船)上下船时,渔民只得攀吊连接船上和码头缆桩上的一条打缆绳索上下船,称之"攀缘绳索"。这个竞技一要勇气,二要胆大,三要灵巧,并要有较好的上肢力量。评判标准以到达船上(或岸上)的时间最短者为胜。

海洋宗教活动中的海洋体育主要目的是酬神悦神,以乐舞为主。由于海洋的神秘,海洋自然灾害的频发和难以抗拒的自然力量等因素,沿海和海岛居民早在五六千年前就萌发了海洋宗教信仰崇拜。而大海的开放性、包容性,形成了海洋宗教信仰的多重性结构,如"海龙王"信仰、观音信仰、妈祖信仰、鱼师信仰等统称为"海洋神灵"信仰。据《唐书·礼乐志》记载,唐时已制定了祭四海龙王制度。宋元仍沿唐制,以四立日祭四海龙王。明代改为春秋仲月上旬择日祭,清朝为春秋二祭制,称之为"祭海"。"祭海",早已有千余年的历史。据记载,海岛先民,早在史前就有祭海活动。每到开捕、渔汛等时节,沿海和海岛渔民便会自发组织"祭海"仪式,感谢大海恩情,祈求风调雨顺、渔民能平安归来。这一传统延续至今,其民众的参与性之广、影响之大、延续历史之长,不仅在沿海和海岛地区诸多渔家习俗中具有代表性,而且在我国东部沿海民间民俗中,也具有明显的共通性,是我国几千年海洋文化史上最具海洋文化个性的民俗之一。其间有乐舞表演,以取悦"海洋神灵",期待来年丰收和平安;乐舞表演中有舞龙灯、划旱船、调花船、调马灯、跳蚤舞等。这些项目都是海岛民众在从事长期渔业生产中创造出来的，具有鲜明的海洋民俗体育特色和地域风情。

综上所述，非机械化时空的海洋民俗体育形态生存在海洋渔业生产力和渔业生产活动关系及海洋宗教活动中，对海洋民俗体育的形成、传承和发展起到积极作用；非机械化时代是海洋民俗体育形态发展的鼎盛时期。

三、现代化时代的海洋体育形态

从非机械化时代到现代化时代，海洋渔业生产力进步的一大标志，主要是19—20世纪船用柴油机和螺旋桨的发明与使用。以柴油机驱动螺旋桨使船行驶，渔船行驶能力大大提高，缩短了港口到渔场的时间及电子信息器材在渔船上的运用等科学技术的迅速发展，渔业生产力得到改善和发展，渔业生产效率明显提高，使得一些渔业生产的船具遭到淘汰，也使海岛渔民的思想、意识形态、习俗等也在变化，部分渔业劳作项目逐渐消失，依附在渔业生产劳作中的原生态海洋体育竞技项目也失去了生存的土壤。

随着现代科学技术的快速发展，渔业捕捞从木帆船到使用了大型钢质渔轮，航海能力得到加强；渔船更是使用电子海图的 GPS 导航仪、雷达、定位仪、自动测向仪、鱼群探测仪等电子设备的使用，在电子信息化时空里，海洋渔业电子信息化的广泛运用及海洋自然科学知识的推广、应用，具有知识型的渔民出现，渔业生产力大大提高。因此，用科学知识武装起来的渔民对"海洋神灵"渐渐失去了依赖和信任，淡化了对海洋神灵的敬畏、庇护、祈求、崇拜，海洋宗教活动正在失去生存的空间和往日的风采。同样，依附在海洋宗教活动中的部分海洋民俗体育的生存的空间也正在消失，譬如，依附在海洋宗教活动"祭海"中的"舞龙""跳蚤舞""调船灯"等正在失去生存的土壤。渔业生产电子信息化的使用挤压了海洋体育的生存空间，慢慢地淘汰了依附在海洋宗教活动中一些海洋体育项目。

四、新中国成立后海洋体育的发展

中国有 300 万平方千米管辖海域、18000 千米大陆海岸线和约 7000 多个岛屿，海域条件适合开展多种海上运动。

20世纪50年代我国才开始有爱好者参加各种群众性的水上运动比赛，如1954年和1956年分别在哈尔滨和杭州举办的上海、哈尔滨、大连、杭州等四城市赛艇比赛和表演；1958年在武汉举办的北京、上海、哈尔滨、武汉、杭州、广州、合肥等七市参加的皮划艇比赛；1958年在北京举办的第一届全国航海模型竞赛等。这些水上运动比赛为我国海洋运动的发展奠定了基础。

国家体育总局还先后设立了青岛国家航海运动学校（主要训练项目包括帆船帆板、摩托艇）、湛江潜水运动学校、北京金海湖训练基地（主要训练项目包括赛艇、皮划艇）等涉海运动学校，建立了6个全国性单项运动协会，包括中国赛艇运动协会、中国皮划艇运动协会、中国帆船帆板运动协会、中国水上运动协会、中国摩托艇运动协会和中国滑水运动协会；1994年设立的水上运动管理中心，同时是以上6个全国性单项运动协会的常设办事机构。

20世纪70年代末以来，我国海洋运动项目发展迅速，经常有运动队在大连、秦皇岛、烟台、青岛、上海、厦门、汕头、汕尾、海口、北海、东山等城市训练，备战国际、国内的海洋运动赛事，赛艇、女子皮划艇、女子帆板、潜水、摩托艇、航海模型等在一些重大国际比赛中获得好成绩，为海洋体育旅游的发展提供了宝贵的经验和资源。与此同时，海洋体育的普及和海洋体育旅游市场的开发工作也得到加强。

直至20世纪90年代后期，随着我国经济迅速发展、文化的对外开放，特别是人们对于生活、健康、全民健身理念的改变与进步，滨海旅游一直处于比较积极的态势。大连、烟台、青岛、舟山、三亚等沿海地区依据"海洋体育旅游模式""海洋体育竞技模式""海洋体育休闲模式"着力推出一批富有特色、新奇刺激、参与性强的现代滨海娱乐项目，给游客带来无穷乐趣。1995年起沿海城市每年组织OP级（少年儿童）帆船夏令营；根据青少年特点，配合科技教育。从1994年起连续组织"我爱祖国海疆"全国青少年航海模型比赛，每次吸引几十万人参加；全国各地建起各种水上运动俱乐部；帆船帆板和皮划艇向群众开放式训练；摩托艇开发了适合群众参与的项目，如拉力赛等。越来越多的海洋体育爱好者参与到海上运动旅游中来。

进入21世纪，海洋体育活动得到蓬勃的发展，如海钓、风筝冲浪、滨海游泳、沙滩运动、海岛野外生存、环岛自行车、泥滩湿地运动等新颖的涉海体育运动项目盛行、丰厚的回报使投资者看到了海洋体育的光明前景，也使中国海洋体育迎来一个快速发展阶段。虽然没有直接能反映海洋体育的具体数据，但根据国家统计局发布的《2012年中国海洋经济统计公报》数据能侧面反映海洋体育的快速发展，2012年全国海洋生产总值50087亿元，比上年增长7.9%，海洋生产总值占国内生产总值的9.6%。其中，海洋产业增加值29397亿元，海洋相关产业增加值20690亿元。海洋第一产业增加值2683亿元，第二产业增加值22982亿元，第三产业增加值24422亿元，海洋第一、第二、第三产业增加值占海洋生产总值的比重分别为5.3%、45.9%和48.8%。海洋第三产业已经超过了海洋第一、二产业，成为新增产值的产业龙头。

2011年国务院相继批复了浙江、山东、广东海洋经济发展规划，标志着中国发展海洋经济正式启动。2011年党的十七届六中全会提出"文化强国"的战略目标。这就为我国海洋体育的开展和发展提供了广阔深厚的基础。据海洋旅游资源的特点和发展现状，我国计划争取到2030年使各类海洋旅游景点基本开发出来，使海洋旅游景点的交通、通信等基础设施和服务现代化。在全国漫长的海岸线和众多的海岛上形成一大批布局合理、功能齐全、设备配套、技术先进的海滨浴场、海上运动娱乐场、滨海旅游度假区；使我国滨海旅游业在产业规模、接待水平、创汇能力等方面跻身世界滨海休闲、旅游发达国家的行列。

2012年浙江省颁布了《浙江省海洋体育发展规划》（2011—2020年），由此，浙江省成为全国第一个也是唯一一个发布海洋体育发展规划的省份。

第三节　发展海洋体育的意义

海洋拥有人类宝贵的、丰富的、赖以生存的资源，是我们的蓝色家园，发展海洋体育有着独特的意义。

一、发展海洋体育，与落实国家、省市战略需要相吻合

21世纪是"海洋世纪"，国家提出实施"海洋开发"、建设"海洋强国"，浙江、山东、广东等省份被确定为全国海洋经济发展试点地区。不久的将来，在这片蔚

蓝色的海洋上迎来的是一个催人奋进、波澜壮阔的时代，蔚蓝色的海洋体育亦将面临一个大发展、大繁荣的时代；发展海洋体育可以帮助我们探索、认识、开发、利用和保护海洋的能力及水平，海洋体育运动将直接推动社会和经济的发展，助推海洋经济新的发展。因此，一个海洋体育的崭新时代正豪情万丈地走来。

二、发展海洋体育，与"文化强国"的精神相吻合

海洋体育是海洋文化的一种表达方式，与陆地文化相映衬的、特色鲜明的文化成果。但是，随着经济社会的发展，生产生活方式的变化，传统的海洋体育活动正在慢慢消亡。因此，需要我们抓紧通过发展海洋体育，挖掘整理、传承保护海洋体育特色文化成果，这与党的十七届六中全会提出的"建设社会主义文化强国"精神相吻合。

三、发展海洋体育，与人类自身发展需要相吻合

海洋是生命的摇篮，人类的文明与进步直接受益于海洋。海洋体育集锻炼、休闲、娱乐于一体，符合人类与生俱来的亲水天性，是人们走向海洋、回归自然的一个重要载体。发展海洋体育，与人类自身发展需要相吻合。

四、发展海洋体育，与发展全民健身的需要相吻合

海洋体育是集竞技、健身、娱乐、旅游、休闲、观光为一体的、充满着新颖、惊险、刺激体育活动。参与海洋体育，就是亲近自然、享受自然的过程。海洋旅游、游乐项目里内容包涵着、延伸着很多海洋体育活动；还有源自于海岛民间民俗、充满生产劳动和民间习俗的体育活动，这些项目有很强的互动性、体验性和观赏性，是海洋体育运动项目内在的基本素材，也是海岛民众常见的、生活化的全民健身形式，更是海岛群众体育发展的重要方向，因此，海洋体育运动发展前景十分广阔。

第四节 海洋体育运动发展的特征

一、海洋体育未来发展趋势

21世纪是中国社会进入一个重要转型发展时期，社会实现中等发达经济体向发达经济体转型的关键时期，人民生活水平达到了小康水平，人们的生活意识、经济条件、环境和思想逐渐发生了重大改变，经济社会升级带来了人们对高品位、高质量的生活方式追求，对生活的质量和生命的延续有了更高层次认识和需要；单一的、单纯的体育锻炼方式已满足不了人们对回归自然、融入自然的渴望。体育休闲越来越成为时尚行为和共识，体育休闲活动越来越多地倾向于在大自然中进行，在大自然中休闲，无非是陆域休闲、水域休闲、空域休闲，21世纪又是海洋的世纪，其理念越来越得到人们的认知，海洋意识和观念得到了前所未有的普及，而海洋又充满着诸多未知领域；海洋体育休闲正是对沿海城市人们的具体展示和吸引物。因此，当我们站在海洋世纪的前沿，放眼未来人类生活方式的发展和变化的时候，有两个转变预示着中国海洋体育发展方向的选择。

1. 社会经济发展是海洋体育发展的前提条件

沿海地区社会经济的高速发展为国家在海洋经济发展战略上提供了前瞻性目标，2011年国务院高瞻远瞩相继批复了《浙江海洋经济发展示范区规划》《山东半岛蓝色经济区发展规划》《广东海洋经济综合试验区发展规划》，标志着中国海洋经济开始全面展开。

根据联合国粮农组织的标准划分，恩格尔系数在60%以上为贫困，50%~59%为温饱，40%~49%为小康，30%~39%为富裕，30%以下为最富裕。2011年我国城乡居民家庭恩格尔系数分别为36.3%和40.4%。大量研究表明，当恩格尔系数低于50%时，娱乐休闲消费会稳定的持续性增长；可以预见，随着社会经济的进一步增长，人们参与休闲体育的积极性会加强，休闲消费水平会提高。根据马斯洛的需求层次理论，当人们解决了基本的吃、住、穿的问题后，有了高层次精神消费的需求。按照国际经济标准，当人均收入到500~800美元时，休闲消费便进入急剧扩张期。2011年，中国城镇居民人均可支配收入21810元；同时，城镇居民的收入增长快于物价上涨,实际收入水平不断提高,生活节余逐年增多,即人们的手里越来越有"钱"。这为人们参与休闲体育在物质消费上有了保证。休闲消费已经成为我国城市居民的一种新风尚。海洋体育是我国海洋经济发展转型升级的一个现实内容和重要载体。从发达国家的发展历程来看,当经济发展到一定阶段,人们观赏高端海洋体育赛事,参与日光浴、海钓、帆船、游艇、沙滩运动等高贵时尚的海洋体育项目将成为生活的一种追求和享受。崇尚海洋自然力量、勇于开拓、敢于创新的无穷魅力和冒险精神,将吸引人们不断加入海洋体育运动休闲的行列,蕴涵着海洋体育在发展时代的到来。

2. 沿海社会的进步促进了人们对生命过程的质量追求,改进了休闲方式,向着海洋体育发展

工业时代的到来,把人们从劳动中解放出来,刚开始时,人们用余暇的时间用于再劳动或休闲,再劳动时间大于休闲时间,再劳动使社会经济发展更快,随着沿海社会经济的快速发展,沿海和海岛居民的生产、生活条件得到改善。同时,社会就业结构呈多元化、工作形式多样化、生活需求多模式化使得"弹性时间工作"成为更多人的选择,这样可自由支配的闲暇时间大大增多,休闲成为可能。此外,余暇时间的增多,要求人们在工作中用最少的时间,创造最大的利益,将承受巨大的精神压力。但是,他们也承受着社会的竞争、家庭的压力,迫切需要一种方式来发泄或减压,体育休闲成为选择之一,而单一的、单纯的文化休闲(看书、上网、看电影)、娱乐休闲(打麻将、打扑克)、旅游休闲和传统的体育锻炼休闲已满足不了人们对回归自然、融入自然的渴望。沿海地区有发达的大中小城群,如"长三角"城市群、"珠三角"城市群,经济、交通、信息极为便利,处于近海区域,为人们参与海洋体育活动提供了一定的便利条件。海洋体育又是一项新颖的、新兴的体育运动,蓝天、碧海、绿岛、金沙、白浪是海洋体育的主色调,吸引着人们追求生命价值和质量,必然有其十分光明的发展前景。海洋体育因其回归自然的方式、行为、精神、社会的和物质的文明生活内涵深受人们的喜爱;在维护人的生命权益、提高生命质量与身心和谐发展的宽度、积极挖掘生命潜力、引导人们形成一种崭新的生活方式等方面,无疑恰逢绝佳契机,并为海洋体育休闲的发展展现了明确的突破方向。

二、海洋体育发展的特征

中国的海洋体育根植于民间，具有"自下而上"的运行特征。因此，中国未来的海洋体育方向的选择具有以下三个方面的特征。

1. 海洋体育未来发展的复杂性和简单性

海洋体育未来的发展是一个比较复杂的系统，它是由余暇时间、经济状况、地理环境、海洋体育的理念、海洋体育的活动方式、海洋体育技能的掌握等要素相互结合而成，各个要素起着不同的作用，彼此又相互联系、相互制约、相互促进、相互依赖，最终形成了错综复杂的整体系统。同时，海洋体育未来的发展又面临着简单性的特征。因为，在海洋的境域下任何具有运动特点的动作、行为、技能、技艺等都有可能成为海洋体育运动的手段。海洋体育最终的目标是满足人们身心愉悦的一种自觉自足的社会文化活动，这就充分体现了海洋体育一种简单性的目标。

2. 海洋体育未来发展的学术性和应用性

海洋体育未来发展的学术性和应用性就是理论与实践如何相结合的问题。海洋体育学术性的重要意义就在于它能够指导海洋体育的实践行动；反过来，海洋体育的活动形式、现状、结果等都要反馈到海洋体育对学术性需求。两者是一个事物的两面性，相互影响、相互促进、相辅相成的。同时，海洋体育是一项古老又新兴的体育运动，有一定文化的底蕴，对指导海洋体育未来的发展具有一定作用。

3. 海洋体育未来发展的多元性和运动性

海洋体育是各学科交叉边缘的学科，它的多元性不仅体现在与海洋学科、旅游学科、民俗学科等学科交融，而且还体现在海洋体育的行为、思想、文化的多元性，同时也体现在海洋体育的内容和项目的多元性。近年来，海洋体育活动领域不断扩大，新兴的体育项目不断充实到海洋体育领域，如海洋航模、海上跳伞、摩托艇牵引伞、海上热气球、海上动力伞、海上滑翔翼、风筝冲浪等充满休闲娱乐、惊险刺激的运动类项目，这些都构成了海洋体育未来发展的多元性特征。但是，海洋体育最终也是通过身体运动的方式，达到身心愉悦，增强体质的目标，因此海洋体育未来的发展具有运动性的特征。

第五节　国内海洋体育发展的案例

一、青岛国际帆船中心

青岛奥林匹克帆船中心即青岛国际帆船中心。青岛奥林匹克帆船中心坐落于青岛市东部新区浮山湾畔，北海船厂原址，毗邻五四广场和东海路，市内的著名风景点"燕岛秋潮"位于基地内燕儿岛山的东南角，该地依山面海风景优美，2008年第29届奥运会和第13届残奥会的帆船项目比赛就是在这里举行的。

青岛市为了迎接奥运会帆船比赛（即"奥帆赛"）和打造"帆船之都"，将国际帆船中心建成青岛市独具海上运动特色的建筑区域，充分体现"绿色奥运、科技奥运、人文奥运"的理念，规划和设计达到世界一流水平。并按照"可持续发展、赛后充分利用和留下奥运文化遗产"的原则，高起点规划、高水平设计、高标准建设。青岛奥林匹克帆船中心采用的一系列科技新技术，起到了示范平台的作用。奥帆赛基地同样注重环境景观规划，通过三条南北向轴线即：西轴——海洋文化轴、中轴——欢庆文化轴和东轴——自然文化轴，组成了意向的"川"字。以"欢舞·海纳百川"为主题，寓意开放的青岛正以宽广胸襟，向世界敞开大门。

青岛奥林匹克帆船中心占地面积约45公顷，其中场馆区30公顷、赛后开发区15公顷；整个工程项目包括陆域工程和水工工程两部分，陆域工程主要包括行政与比赛管理中心、运动员公寓、运动员中心、媒体中心、后勤保障与功能中心五个建筑单体以及环境等配套工程，水域工程包括主防波堤，次防波堤，突堤码头，奥运纪念墙码头，护岸改造等水工工程。其中，奥运纪念墙码头、次防波堤、突堤码头围合的港区面积约15.5公顷，主防波堤与突堤码头围合的港池面积约7.5公顷。此外，在赛时还要增设一些临时性的建筑及设施，以更好地满足奥帆赛的需求，如突堤码头上将建临时性的测量大棚，奥运纪念墙码头西侧将建一个浮码头供观众停船区使用。青岛奥林匹克帆船中心场馆硬件设施得到了国内外的一致好评,被誉为"亚洲最好的奥运场馆"。

二、海南

1. 海南日月湾国际冲浪节

冲浪,一项新兴的时尚的体育运动,而且是一种高端的海洋体育运动项目,目前全世界有 8000 万冲浪爱好者。海南要建成世界一流的度假胜地,必须有休闲活动的支撑,冲浪可以作为海南高层次的休闲活动,可以变成一种代表性产品。

第三届"海南日月湾国际冲浪节"于 2012 年 1 月 7 日—13 日在万宁市举办。该项赛事由国际冲浪协会、国际职业冲浪联合会、国家体育总局、海南省人民政府共同主办,国家体育总局水上运动管理中心、海南省文化广电出版体育厅、万宁市人民政府、北京沃美传媒有限公司联合承办,来自美国、南非、澳大利亚等 8 个国家和地区 200 多名国外冲浪选手参加本次赛事。

万宁市计划于 2013 年筹建国家级冲浪培训基地、冲浪俱乐部和亚洲最大的冲浪用品展示和交易中心,打造世界冲浪胜地。

近年来,万宁的海上文章做得有声有色,这也让万宁更加开放,发展的步伐迈得更大;"激情"和"动感",这两个词语不仅体现在万宁力推的冲浪运动上,举办全国钓鱼锦标赛、国际海钓精英邀请赛、中华龙舟大赛、中国首届国际冲浪沙滩宝贝大赛、世界旅游文化小姐大赛中国总决赛等赛事,也是万宁建设体育之城的着力点。万宁还将利用丰富的滨海资源筹备国际潜水节、筹建国家级冲浪培训基地、冲浪俱乐部以及亚洲最大的冲浪用品展示和交易中心,进一步打造世界知名的国际冲浪城。

2. 沃尔沃帆船赛三亚站

海南省三亚市是本届沃尔沃环球帆船赛的第四座经停港,凭借出众的地理和气候优势,从全球 80 多个申办城市中脱颖而出,成为继青岛之后第二座举办沃尔沃环球帆船赛的中国城市,也是因为海南特有的"海洋"优势。正因为有如此独特的地理优势,再加上海南人的战略眼光,"用办比赛吸引来自世界各地的眼球,以刺激周边产业的发展,在办赛的同时达到促进全省经济效益提升、促进国际旅游岛的建设。"

举办沃尔沃帆船赛的短期成效已经显现,船队停靠期间,赛事村参观人数超过 20万,游艇交易价值达到 2 亿元人民币,因沃尔沃环球帆船赛专门来到三亚的嘉宾游客将近 15000 人,商品房销售比上年同期增长 77%,销售额超过 70%。

三、舟山群岛新区

1. 浙江省首届海洋运动会

2011 年 5 月 25 日—7 月 23 日在岱山鹿栏晴沙景区举行浙江省首届海洋运动会,海洋运动会是一场面向海洋,充分利用和开发海洋资源,结合海岛民间民俗体育文化、健身运动、休闲娱乐、观光旅游于一体,注重亲近自然、享受自然的海洋体育盛会。这是贯彻执行国务院"海洋综合开发"战略决策而设立的特色群众体育赛事,开创了我国海洋综合性运动会的先河;也是浙江省规模最大的特色性群众体育盛会和重要体育赛事,是浙江省海洋体育运动发展的一个历史性里程碑。

运动会立足海洋海岛特色,设置沙滩、水上、陆地和泥上等时尚、休闲项目,充分展示海洋体育魅力,促进全民健身与文化、旅游的有机融合。考虑到首届海洋运动会大众化、趣味性、参与性的特点,主要设置了沙滩、海上、海泥三大块赛事,比赛共设 23 个大项、99 个小项,从 5 月 13 日开始,7 月 23 日结束,历时 70 天。此次运动会采用分段比赛制度,对 23 个比赛项目进行整合,集中 70 天时间,分七个赛段进行比赛。

2. 全国休闲体育大会

2012 年全国休闲体育大会由国家体育总局社体中心、浙江省体育局、舟山市人民政府共同主办,由舟山市体育局、舟山市体育总会承办。大会从 4 月至 10 月将分别在舟山新城和岱山举行,分设优秀健身项目展示、国际舞龙舞狮公开赛、中国国际大力士对抗赛、全国舞龙舞狮精英赛、全国拔河锦标赛、全国风筝锦标赛暨两岸三地运动风筝邀请赛、全国飞镖锦标赛、全国健身秧歌及健身腰鼓大赛等。来自全国各地的万余名选手和海外友人来舟山参加盛会。

思考题

1. 简述国内外海洋体育运动发展历程。
2. 简述我国发展海洋体育的意义。
3. 简述我国海洋体育发展的特征及主要存在的问题。
4. 分析和思考海洋体育发展的策略。

第三章 海洋体育活动风险与防范

> **教学目标**
> 1. 学习和掌握海洋体育风险概念、特征、分类,海洋体育风险管理与环节。
> 2. 掌握如何识别海洋体育风险、如何防范海洋体育风险和措施。

在海洋体育活动中也存在着一定的风险,即海洋体育风险,如海钓者站在湿滑的礁石上就存在着可能发生的风险和结果的不确定性,如滑跌无伤(被救)、滑跌受伤(被救或死亡)、滑跌无伤入海(被救或死亡)、滑跌受伤入海(被救、死亡或失踪)等风险。海洋体育风险是客观存在的,不以人的意志为转移。某些自然现象如地震、海啸的发生风险是不可预知的;还有一些风险是可以预知的,风险达到一定的阈值才发生。因此,要做好一定的防护和应对措施,降低临界值,规避风险的发生,防止海洋体育风险的发生。

第一节 海洋体育风险的基本含义与特征分类

一、海洋体育风险的基本含义与概念界定

风险,指在参加活动时随时有可能发生,也有可能不会发生,但它确实存在一定的危险性,因此,风险的基本特征是参与活动结果的不确定性。对于风险的概念的研究主要集中在几方面:首先,风险同人们有目的的参与活动有关;其次,风险同将来的活动和事件有关;再次,风险即意味着损失机会和损失可能性。

事实上,参与活动时,不是任何未来的不确定性都是风险,只要当这种不确

定性意味着损失时，风险才会存在，把风险定义为活动损失机会，这表明风险是一种面临损失的可能性状况，也表明风险是在一定状况下的几率。

国际标准化组织（ISO）对风险的定义，即是衡量危险性的指标，风险是某一有害事故发生的可能性与事故后果的组合。

综上所述，风险是指在特定的时间、空间以及其他与之相关的条件下，某一事件导致的最终损失的不确定性。

在海洋体育活动中也存在着一定的风险，被称为海洋体育风险，如海钓者站在湿滑的礁石上就存在着滑跌受伤、入海溺水的危险；海泳者在海滨浴场游泳就存在着溺水的危险等等；因此，海洋体育风险是指参加涉海体育活动时在涉海环境、时间和空间中发生的有害事故的可能性与后果的不确定性。

二、海洋体育风险的特征

海洋体育风险有不确定性、损失性和客观性三个主要特征。

1. 海洋体育风险的不确定性

海洋体育风险的"不确定"，是指海洋体育风险是否发生的不确定、发生时间的不确定、发生空间的不确定、损失的不确定。当然，人们参与海洋体育活动时也明知有一定的风险存在，这是预期的不确定性，它是主观的不确定性，但往往主观的、预期的是受人们对参与海洋体育活动的知识、阅历、经验、能力、判断等客观因素影响的，也就是客观的不确定性是实际结果与预期结果存在一定偏差。

2. 海洋体育风险的损失性

海洋体育的风险并不是所有未来的不确定性都是风险，只有当未来的海洋体育活动时可能发生损失时，才可以称为海洋体育风险，损害是海洋体育风险事故发生的事实存在的结果，海洋体育风险必然与一定的海洋体育活动损害相联系。但是，也不是说结果一定会是某种损失，而是指一项海洋体育活动时可能导致的未来所有的结果都列出来时，其中包括某种损失。如有人在礁石上因湿滑坠海，就属于海洋体育风险。这种情况下，多种结果的损害程度可大可小，存在着不确定性，如获救了无损伤无损失、获救了有损伤有损失、没获救有损失、下落不明了有损失、当时没获救后来获救了有损失等。

3. 海洋体育风险的客观性

海洋体育风险是一种不以人的主观意志为转移的客观存在，无论人们怎样认识、管理、控制海洋体育风险的能力如何增强，海洋体育风险都不可能人为转移、排除、根除，无论人们是否意识到，也无论每个人认识海洋体育风险的能力、手段、措施有何种不同，只要参与海洋体育活动，海洋体育风险始终都是客观存在的。

4. 海洋体育风险的涉海性

海洋体育活动的最主要特征是涉海性，参与活动的环境与海洋有关，使用的活动场地、器材都与海洋环境有关，海洋体育的本身就是参与在涉海中的体育活动，具有涉海性。因此，海洋体育风险无论是它的损失性，还是客观性，都有涉海性的特征。

三、海洋体育风险的分类

对于海洋体育风险的分类，目的在于便于人们在实践活动中分清不同的海洋体育风险种类，实践中便于根据不同的海洋体育风险类别对具体的海洋体育风险采取不同的管理策略和措施。其中，按照海洋体育风险的后果不同，划分为海洋体育纯粹风险和海洋体育投机风险。

1. 海洋体育纯粹风险

海洋体育纯粹风险是指不能带来机会，没有获得利益可能的风险。人们在面临海洋体育纯粹风险时，最好的结果是什么都不发生；换言之，纯粹风险的结果就只有损失和没有损失，而无获利的可能。而海洋体育风险管理要关注的，就是此类海洋体育纯粹风险；海洋体育纯粹风险主要有四类："人身风险""财产风险""责任风险"和"他人过失造成的风险"。

（1）海洋体育人身风险是指在海洋体育活动中造成人身伤亡或丧失工作能力，使其收入损失可能性的风险；其损失原因包括死亡、伤残、失踪、失业等。

（2）海洋体育财产风险是指海洋体育活动中造成运动场地、器械等财产的损失。它可能导致两类截然不同的损失：直接财产损失和间接财产损失。直接损失就是财产本身的损失，如在海洋体育活动中的船只破损、颠覆、沉没等；间接损失就是指因无法使用海洋体育财产而引起的收入损失和额外费用。

（3）按照法律规定，当一个人或团队发起人在参与海洋体育活动时因疏忽、过错、过失造成他人人身或财产损失时，过失人负有损害赔偿责任。因此，海洋体育责任风险是指在海洋体育活动时，因当事人的错误行为而产生的法律责任使他人的现有或将来收入遭受损失的可能。如大型帆船赛，船长应负有在比赛路线选择、指挥、组织等的责任风险。

（4）他人过失造成的风险是指在海洋体育活动中因他人行为的过失而造成的风险。如海上摩托艇活动中，驾驶员操作的过失造成游客财物的损失。

2. 海洋体育投机风险

海洋体育投机风险，是指在投资海洋体育中的一种既有损失可能也有盈利可能的风险。可分为海洋体育静态风险和海洋体育动态风险。

（1）海洋体育静态风险是指海洋环境下的自然力不规则变动或人们行为的错误或过失行为所导致的风险，如海啸造成海洋体育设施的破坏。海洋体育静态风险一般与社会的经济、政治变动无关，在任何社会条件下都是无可避免的。

（2）海洋体育动态风险是指由社会经济或政治的变动所导致的风险，如社会或政治动乱造成的沿海海洋体育设施的破坏。

第二节　海洋体育风险管理与环节

一、海洋体育风险管理概念界定

《简明保险辞典》（2003）指出，风险管理是指各经济单位，通过风险识别、风险估测、风险评价，并在此基础上优化组合各种风险管理技术，对风险实施有效的控制、妥善处理风险所致损失的后果，期望达到以最小的成本获得最大安全保障的目标。风险管理是风险识别、风险评价、风险控制和管理效果评价这一基础程序周而复始进行的过程。

海洋体育风险可理解为在海洋体育活动中的各经济单位，通过对风险的识别和评估，并优化和组合成各种海洋体育风险管理技术，对涉及的海洋体育活动风险实施有效监控和妥善处理各种海洋体育风险所致损失的后果，期望达到以最小的成本获得最大安全保障的目标，同时对海洋体育风险管理的效果进行科学的评价。

二、海洋体育风险管理的程序

海洋体育风险管理的程序包括海洋体育风险识别、海洋体育风险评估、海洋体育风险应对和海洋体育风险管理效果评价四个环节，这四个环节形成闭合的循环系统。

（1）海洋体育风险识别是指经济单位和个人对所面临的以及潜在的任何海洋体育活动所带来的能直接或间接导致伤害或疾病、财产损失、工作场所环境破坏或其组合的对工作标准、实务、程序、法规、管理体系绩效等的偏离，并加以判断、归类整理和性质鉴定的过程。

（2）海洋体育风险评估是指在风险识别的基础上，通过对所收集的大量、详细的海洋体育活动中损失资料加以分析，运用概率论和数理统计的知识，估计和预测风险发生的概率和损失程度。

（3）海洋体育风险应对是指根据海洋体育风险评估结果，选择最佳的海洋体育风险管理的方法并实施的过程。

（4）海洋体育风险管理效果评价是指对海洋体育风险管理技术的科学性、实用性及其收益性情况的进行分析、检查、修正和评估，用能否以最小的风险成本获得最大的安全保障作为风险效益评价的标准。

三、海洋体育风险管理环节

从海洋体育风险形成的过程可以发现，从客观存在的隐患到最终损失的造成，可以分为三个阶段（图 3-1）：海洋体育活动隐患演化成为海洋体育风险因素、海洋体育风险因素引发海洋体育风险事故、海洋体育风险事故导致海洋体育损失的形成。

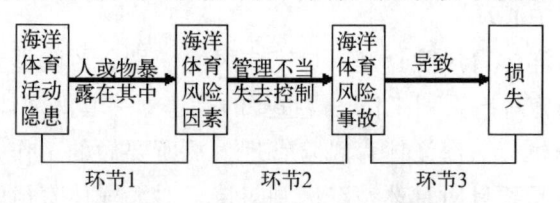

图 3-1　海洋体育风险形成的过程

1. 减少或避免暴露

该环节是针对海洋体育风险形成过程中的第一个阶段,即在海洋体育活动中的隐患演化为海洋体育风险因素阶段。从理论上讲,完全避免人或财物暴露在海洋体育隐患之中,是本环节最理想的管理效果。但在人类生产和生活实践中,这种效果是很难达到的。这是由于所有的人类活动都是主观作用于客观的活动,完全脱离客观环境和物质条件是不可能的。所以,海洋体育风险管理的第一个环节实际上要达到的效果是——尽量避免或减少暴露,也就是说海洋体育风险无法形成,整个海洋体育风险管理过程就此结束,这当然是最理想化的一种结果。对于无法避免的暴露应有预知、感知,尽可能早地采取措施以减少暴露的可能,并在下一个环节中有针对地做好防控措施,防止海洋体育风险事故的发生。相对于其他人类活动,海洋体育活动中有更多的隐患暴露可能:首先,海洋体育首先是一种置身于海洋的体育活动,海洋体育具有涉海性、动态性、流动性、柔力性等特征,海洋体育活动比陆地体育活动更有危险性和更多的不可预测性;其次,海洋体育活动是一种体育运动,它强调是"更快、更高、更强"的体育精神,也是人们对自身生理、心理的挑战,这远比程序化、规范化的重复劳动复杂得多,也更加难以控制。

当然,这并不意味着这个环节在海洋体育风险管理中是可有可无的——在海洋体育中有很多隐患暴露是完全可以避免或者减少的,如海洋体育沙滩的选址、防护和建设,海洋体育器材(船、艇)的保管维护,海上救生技能的培训与考核,海洋体育安全制度和措施的制定与实施等,都可以采取措施来最大限度地减少隐患暴露。

2. 严格控制,避免事故

这个环节针对的是海洋体育风险形成过程中的第二个阶段,即海洋体育风险因素引发海洋体育风险事故的阶段,传统的风险管理理论认为这个环节是整个海洋体育风险管理的中心环节。

本环节需要海洋体育风险管理人员完成风险识别、风险评估,并选择实施海洋体育风险管理措施等一系列工作,最重要的是建立一套海洋体育事故应急机制,将其作为常规操作执行。海洋体育风险管理人员所要做的工作并不是简单地执行某项规章制度,而是要针对具体情况区别对待,对海洋体育风险管理人员的要求比其他两个环节要高许多；所以，本环节的工作量大、要求高，称之为海洋体育风险管理的中心环节并不为过，海洋体育风险与一般风险管理不同，海洋体育风险管理主要针对的是人身的安全；一旦事故发生，不管损失大小，都意味着已经发生了人身伤害，这与海洋体育风险管理的初衷是不符的；所以，尽量避免事故的发生，对于海洋体育风险管理来说才是最重要的；因此，就必须把工作的重点放在本环节上，换句话说，"严格控制，避免事故"环节是整个海洋体育风险管理的重点。

3. 减少损失

这个环节是针对海洋体育风险形成过程中的最后一个阶段，即海洋体育损失形成的阶段。很长时间以来，风险管理中存在着一个误区：风险管理如果不能避免事故的发生，就意味着失败，整个风险管理过程到此结束。但近年来，随着风险管理乃至整个管理学理论的不断发展，越来越多的学者认为风险管理应该在风险事故发生之后继续下去，以减少人身和财务损失，最终促进风险管理组织的健康发展——这也就是近年来常常听到的"与风险共存"。安全风险管理更是如此，海洋体育事故发生后对伤病人员的积极救治、与死亡人员家属的及时沟通和对其赔偿等应急措施，在注重"以人为本"的当今社会显得尤其重要。从长远来看，总结风险事故发生的经验教训，从中找到自身的不足并加以改正，对整个组织的发展有着积极的意义。积极的救治和赔偿工作，对于减少组织的法律责任以及舆论的负面影响也会起到很好的效果。另外，海洋体育事故分析的结果和事故处理的经验，还能为安全教育提供难得的宝贵资料，而这对海洋体育风险管理来说尤为重要。可见，以上种种措施都会从不同的侧面不同程度地减少组织的损失。

综上所述，事故的发生并不意味着海洋体育风险管理的终结，减少损失的环节也是整个风险管理必不可少的环节。

四、海洋体育风险管理目标

一般认为，海洋体育风险管理的目标在于海洋体育风险主体以最小的成本处置和控制各类风险因素，防止和减少损失，保障社会生产及各项活动的顺利进行，其实质是以最经济、最合理的方式消除海洋体育风险所导致的灾害性后果。

依据海洋体育风险形成的过程和管理的环节,结合海洋体育的具体特点,提出了海洋体育风险管理的目标体系(图3-2)。

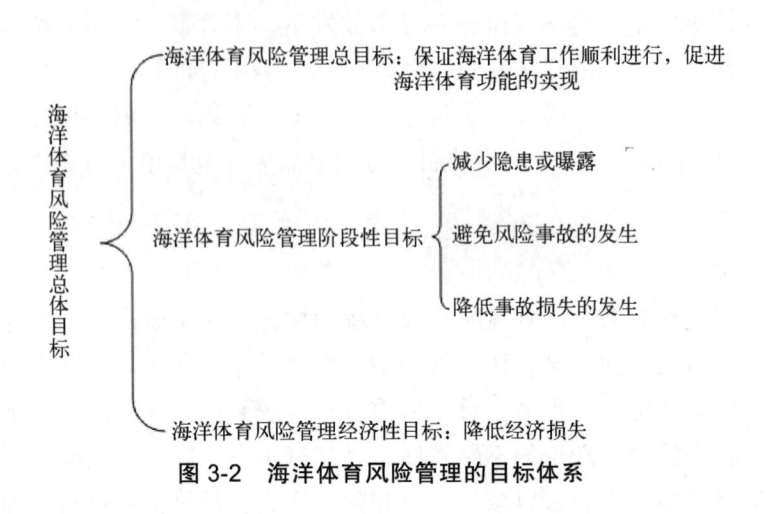

海洋体育风险管理总体目标
- 海洋体育风险管理总目标:保证海洋体育工作顺利进行,促进海洋体育功能的实现
- 海洋体育风险管理阶段性目标
  - 减少隐患或曝露
  - 避免风险事故的发生
  - 降低事故损失的发生
- 海洋体育风险管理经济性目标:降低经济损失

图 3-2　海洋体育风险管理的目标体系

1. 海洋体育风险管理总目标

现阶段的海洋体育风险管理总目标就是保证海洋体育工作顺利进行,促进海洋体育功能的实现。

首先,随着社会经济的快速发展,人们生产、生活条件得到改善,同时,社会就业结构呈多元化、工作形式多样化、生活需求多模式化使得"弹性时间工作"成为更多人的选择,这样余暇可自由支配的时间大大增多,休闲成为可能。其次,余暇时间的增多,要求人们在工作中用最小时间,创造最大的利益,将承受巨大的精神压力,同时他们也承受着社会的竞争、家庭的压力,迫切需要一种方式来发泄或减压,体育休闲成为选择之一,而单一的、单纯的文化休闲(看书、上网、看电影)、娱乐休闲(打麻将、打扑克)、旅游休闲和传统的体育锻炼休闲已满足不了人们对回归自然、融入自然的渴望。沿海地区有发达的城市群,如长三角城市群、珠三角城市群、环渤海湾城市群,集中大量人口,在经济、交通、信息较为发达,距海滨休闲地较近,为亲近海洋提供了一定的便利条件。但是,参与海洋体育的风险也如影随形:每年夏季来海岛旅游避暑的游客参与海洋体育活动时,都有人不幸溺水身亡,这是长年居于内陆地区的人们对海洋环境的不了解,对参与海洋体育活动风险的无知所导致的海洋体育损失。如果人们有一定的参与海洋体育风险的知识，了解海洋环境和特点，是可以避免海洋体育损失的发生；如果海洋体育产业者在海洋体育场地设施、器械、宣传、保护等方面的措施做到位、宣传到位，就能减少或避免海洋体育事故的发生，保证海洋体育工作的顺利进行，促进海洋体育功能的实现。

2. 海洋体育风险管理阶段性目标

按照海洋体育风险管理活动进行的时间、顺序，目标可以分为时间、顺序。海洋体育风险管理还有以下阶段性目标：①确定有可能与海洋体育活动发生关系的隐患，尽量避免这些隐患演化为风险因素；②尽量避免海洋体育风险事故的发生；③采取应急措施，将海洋体育伤害事故所导致的损失降到最低；④海洋体育风险管理必须遵循经济性原则，因时、因地制宜，最大限度地利用现有资源，保证海洋体育活动的顺利开展。

在海洋体育风险管理中，一般都将对海洋体育风险进行有效控制和防范所需投入的人力物力等海洋体育风险的成本与风险所带来的损失进行权衡，以考察海洋体育风险管理的必要性。

我国海洋资源丰富，南北部之间存在着比较大的经济文化差异，海洋体育活动存在着巨大的差异。所以，在海洋体育风险管理中也应具体问题具体分析，从本地的实际条件出发，选择最合适的方法，以最小的成本创造最大的价值。

第三节 海洋体育风险识别

海洋风险识别，也就是要识别出个人或组织所面临海洋体育风险的类别、形成原因及其影响，具体来说包括确定海洋体育风险的来源、海洋体育风险产生的条件，描述海洋体育风险的特征，确定海洋体育风险的事件等；海洋体育风险识别，是一项制度性、系统性的继续工作，是决定海洋体育风险管理能否成功的关键之一。

无论是对个人还是组织，无论是针对海洋体育财产风险、还是海洋体育活动安全风险，海洋体育风险识别在整个海洋体育风险管理过程中占有举足轻重的地位。首先，如果不能识别个人和组织所面临的整个海洋体育风险，就谈不上设计应对海洋体育风险的方法；其次，因为个人和组织所处的海洋环境是不断变化和动态的，要面对不断变化和动态的海洋体育风险，如果不能明确这些海洋体育风险，就不可能制定出恰当的海洋体育风险管理决策和措施；众所周知，海洋体育风险管理实际上就是通过选择适当的海洋体育风险管理方法来实现管理者对海洋体育风险的决策和措施，没有海洋体育风险管理方法和决策也就没有所谓海洋体育风险管理。

一、海洋体育风险识别的本质

海洋体育风险识别，简单地说，就是人们判断和辨别在海洋体育活动中存在的各种事物，确定其中可能存在的海洋体育风险的过程；要识别海洋体育风险，就必须准确地把握海洋体育风险的本质，认识参与海洋体育的过程和所有接触的事物；认识海洋体育风险识别的几个概念及它们间相互关系。

1. 海洋体育风险源的概念

风险源又称风险来源或风险根源，它是指那些可能导致风险后果的因素或条件的来源。海洋体育风险源是指在参加海洋体育活动中可能导致风险后果的因素和条件来源。如参加海钓活动时钓位的海洋环境、气候环境、周边环境（礁石湿滑性）、装备等。

2. 海洋体育风险源的分类

参照事故致因理论体系和从海洋体育活动的实际情况出发，按照在事故发生、发展过程中起到的作用差别，海洋体育风险的根源大致可以分为以下两类。

第一类海洋体育风险源，是指那些可能会发生作用于人体且超过人体承受能力的破坏性释放的能量。

机械能：是一种与海洋体育活动密切相关的能量形式，包括动能和势能。

首先，在海洋体育活动中与人体发生能量交换最多，同时，也是最明显的是势能。简单地讲，处于较高位置的人体或物体相对于较低处的基准面有较高的势能，因此，势能的意外释放的情况一般有两种：第一，当人体具有的势能意外释放时，发生坠落或跌落事故；第二，当物体具有的势能意外释放时，物体自高处落下可能发生物体打击事故。

其次，动能也是海洋体育活动中可能发生破坏性释放的一种能量，当物体或人体所具有的动能意外释放并作用于人体，就可能会引发事故；常见的牵引伞、花样划水、水上摩托艇等高速运动的人与礁石或海面很容易发生碰撞，造成伤害事故。这些都是显性破坏性释放的动能。

人体的新陈代谢是一种人类本身所具有而又经常被忽视的能量；人体的新陈代谢吸收、转换、消耗能量，并与外界进行能量交换，它本身也是一种不容忽视的能量；人参与海洋体育活动时就有消耗能量，当人体与外界的能量交换受到干扰或阻碍时，即人体不能进行正常的新陈代谢时，人员将受到伤害，甚至死亡；此类能量受到干扰或阻碍所导致的事故在海洋体育活动中也比较常见，例如人在船上会出现晕船现象，严重者出现头晕和呕吐、海泳溺水窒息死亡事故等。这些属于隐性破坏性释放的能量。

第二类海洋体育风险源，是指导致约束、限制第一类海洋体育风险源的措施失效的因素。

尽管在海洋体育活动中的能量具有危险性，是潜在的海洋体育风险，但是，人们参与海洋体育活动又离不开能量的运行；所以，人们在长期的海洋体育实践中逐步地认识了第一类海洋体育风险源的各种能量及其运行原理，针对其采取一系列的约束、限制措施，以保证第一类海洋体育风险源的安全运行，但是在许多因素的复杂作用下这些措施和方法有可能会失效或得不到控制。这些因素就是第二类海洋体育风险源；第二类海洋体育风险源包括人、物、海洋环境三个方面的因素。

人的因素，也称"人的失误"，是指人的行为结果偏离了预定的标准或方向，造成第二海洋体育风险源的位置前移，如在滨海参加海泳的人对海水、潮流的不了解而导致溺水事件。

物的因素，也称"物的故障"，是指由于物的性能低下而不能实现预定功能，出现海洋体育风险。如船体触礁破损会影响行驶。

海洋环境因素，是指组织或个人存在或在系统运行的环境中，既包括温度、湿度、照明、天气等物理环境，也包括组织的人文环境、文化及氛围等组织环境。海洋体育风险很少有事故是由一个因素所导致的，更多的情况是由交织在一起的多个因素共同作用而导致了事故的发生；所以，不应当孤立地看待这三类因素，它们相互联系、相互作用，共同构成了第二类风险源。

二、海洋体育风险识别的方法

在海洋体育风险管理中应预先了解海洋体育活动过程，能否识别海洋体育风险，是进行海洋体育活动的关键，因此，海洋体育风险识别在海洋体育活动中起重要作用。

海洋体育风险管理中比较常用的风险识别方法主要有现场调查法、检查表法、流程图法、事故树法、可行性研究法、头脑风暴法等。海洋体育风险识别的实践证明，虽然可使用的风险识别方法有很多，但并不是这些方法都适用于每一种管理情境，海洋体育风险管理人员应当根据实际需要选择不同的识别方法或者选择某几种识别方法的组合。

根据海洋体育风险管理工作的实际需要选择了以下4种海洋体育风险识别方法。

1. 现场调查法

现场调查法虽然要花费大量的时间和经费，成本较高，但是海洋体育风险管理人员可以获得第一手资料，并在此过程中积累大量的经验。所以，这种方法一直是广大海洋体育风险管理工作者所采用的主要风险识别方法之一。

2. 检查表法

海洋体育风险管理工作者往往会根据经验和以往资料编制检查表，用它进行海洋体育风险的识别，以弥补现场调查法的不足，其原理是将可能发生的许多海洋体育风险列在一个表格中以供检查核对。当然，这种方法对检查表编制者的专业能力要求很高，在海洋体育风险识别中要与其他方法结合使用。

3. 事故树分析法

事故树分析是一种表示导致事故的各种因素之间的因果及逻辑关系图，呈树状，由节点和连线组成，主要用来分析事故的原因和评价事故风险；事故树分析可以作定性的分析，也可以进行几率估算，并据此采取相应的措施，以提高系统的安全性和可靠性。

4. 访谈法

海洋体育风险识别的结果受实际操作人的主观因素影响较多，故征求更多海洋体育风险管理从业人员意见的重要性就凸显出来，通常接受访谈的对象应该是海洋体育风险识别、分析和海洋体育风险管理领域的专家，但一线工作者也是不可忽视的访谈对象群体，他们具有更多的、丰富的实践经验供你参考和选择预防海洋体育风险的呈现。

三、海洋体育风险事故

海洋体育风险事故，就是参与海洋体育活动中造成生命财产损失的偶发事件；海洋体育风险事故是造成损失的直接的或外在的原因，它是使海洋体育风险造成损失的可能性转化为现实性的媒介物，是风险因素到风险损失的中间环节。某一海洋体育活动事件在某一个条件下是海洋体育风险因素，在另一条件下则为海洋体育风险事故。例如，因为巨浪把海钓者打下海致人溺亡，海水就是风险因素，而溺亡是风险事故；若巨浪直接击打海钓者致人伤亡，那巨浪就成为了风险事故。所以，区分二者的标准应该是导致损失的直接性或间接性，即导致损失的直接原因是风险事故，导致损失的间接原因则为风险因素。

四、海洋体育的损失

海洋体育损失是指在参与海洋体育活动时非故意的、非预期的和非计划的经济价值的减少或消失。海洋体育风险本质上就是由海洋体育风险因素、海洋体育风险事故和海洋体育损失三者构成的统一体，就是所谓的海洋体育风险三要素；三者存在一种因果关系，海洋体育风险因素增加或产生海洋体育风险事故，海洋体育风险事故概率增加或引起海洋体育损失；海洋体育风险事故是海洋体育损失发生的直接与外在原因，海洋体育风险因素为海洋体育损失发生的间接与内在原因。

第四节 海洋体育风险防范

一、海洋体育风险管理的实践操作

海洋体育风险管理的表格制作是一个系统工作。首先，必须具备海洋体育风险管理的条件,并建立起海洋体育风险的评估标准;然后,识别、鉴定出海洋体育活动中可能发生的风险种类;继而根据海洋体育风险评估标准进行风险的评估与分析,最终对可能的海洋体育风险选择合理的管理手段。

二、海洋体育风险防范的操作

1. 风险评估标准

海洋体育风险是指各种海洋体育风险事故可能发生的几率,用两个指标来表示——后果和可能性(表 3-1~表 3-3)。这里的后果是指有害的或不幸的结果;海洋体育风险的后果是指发生海洋体育事故有害的或不幸的结果。

表 3-1 海洋体育风险后果的标准评估一

值	尺 度	经 济
1	很低	<预算的 1%
10	低	预算的 1%~2%
100	中等	预算的 2%~5%
1000	高	预算的 5%~10%
10 000	极高	>预算的 10%

表 3-2 海洋体育风险后果的标准评估二

值	尺 度	人身伤害
1	很低	擦伤、淤伤、碰伤/无需恢复时间
10	低	挫伤、扭伤/1 星期的恢复时间
100	中等	输血、骨折/1~6 星期的恢复时间
1 000	高	住院治疗/6 星期以上的恢复时间
10 000	极高	死亡,永久性残疾

表 3-3 海洋体育风险后果的标准评估三

值	尺 度	竞赛排名
1	很低	没有变化
10	低	降一档
100	中等	降二档
1 000	高	降三档
10 000	极高	降级/垫底

2. 可能性评估

可能性是指某些事发生的概率；海洋体育风险可能性就是指发生海洋体育风险事故发生的概率，概率的大小从 0.1~1.0 分别代表风险发生可能性的量化指标（表 3-4）。

表 3-4　海洋体育风险可能性评估

值	尺　　度	描　　述
0.1	极少	极其偶然或 10 年 1 次
0.2	不太可能	可能会在特定情况下发生，如 5 年 1 次
0.3	可能	某些情况下可能发生，如 3 年 1 次
0.6	很可能	多数情况下可能发生，如 1 年 1 次
1	几乎肯定	多数情况下发生，如 1 年发生几次

还有一种评估方法是通过风险值进行评估，即风险值=后果值×可能性值，见表 3-5。

表 3-5　海洋体育风险值

可能性	后　果				
	1	10	100	1 000	10 000
0.1	0.1	1	10	100	1 000
0.2	0.2	2	20	200	2 000
0.3	0.3	3	30	300	3 000
0.6	0.6	6	60	600	6 000
1	1	10	100	1 000	10 000

在表 3-5 中，小于 60，为风险较低，可接受；60~300，为中等风险，要采取有效措施并监控；600 以上则为高风险，发生几率很低，人们容易忽视和轻视。

3. 海洋体育风险识别

海洋体育风险识别就是找出某一海洋体育风险类型中的具体因素。海洋体育风险类别有人身伤害、经济损失、竞赛排名降低和声誉损失 4 种。海洋体育风险发生的主体可能是人、组织或社会，原因主要体现在以下 3 个方面。

第一方面是环境因素：主要是指海洋环境、社会环境、当地人文环境。海洋环境是指海洋天气、海洋动植物、海域情况、海流、潮汐、滩涂湿地、礁石、暗礁；社会环境是指社会和谐安定等情况；人文环境是指当地渔村风俗、行为习惯等情况。

第二方面是装备因素：是指用于海洋体育活动的器械、装备的损坏、使用频次等原因造成损伤而形成海洋体育风险隐患。

第三方面是内部因素：指参与海洋体育者与队伍、进程、团队管理发生矛盾，而生成海洋体育风险的隐患。

4. 海洋体育风险评估

对海洋体育风险评价可以客观、直接地反映出海洋体育风险的大小，为海洋体育风险管理提供相对科学的依据。同时做好预防海洋体育风险发生的措施，使海洋体育损失避免或降低最低程度。

首先，对参加海洋体育活动可能会发生的风险后果进行预测，不同的尺度对应不同的值进行量化处理；其次，调查以往类似出现的海洋体育风险的结果，得出其发生的几率；最后，两者相乘量出结果进行海洋体育风险评估。

可能性和几率标准必须建立在大量的背景资料的基础上进行，才有效、可靠。

5. 海洋体育风险管理表格

海洋体育风险管理表格（表3-6）。

表3-6 海洋体育风险管理表格

风险种类		风险分析		风险评估			管理手段及其及影响			监控修正	
类别	种类	对象	原因	后果	概率	风险值	可能方法	不良影响	收益	实况	修正
伤害	滑坠	胆小	坡陡、湿滑	100	0.6	60	固定绳索				
			队伍拥挤	100	0.6	60	拉开距离	连带他人			
			方法不当	100	0.3	30	示范准确		技能		
			精神紧张	100	0.3	30	缓解压力	影响别人	自信		
							领队协助	连带领队			

第五节　常见的海洋体育风险与预防措施

一、湿滑晃动坠海

湿滑晃动坠海是海洋体育活动时所面临的直接危险因素，船只因风浪而剧烈晃动，使人站立不稳，易坠落海中；或是海边礁石湿滑，石上易生长着青苔，脚踩在湿的礁石或青苔上容易打滑，造成坠落；或是参与者鞋子底花纹磨损太多，易滑跌；或误踩上松动的浮石、滚动的断枝、结冰的岩面等造成滑跌坠海；特别在大风浪、海钓时容易会发生湿滑晃动坠海，造成坠海和摔伤。

预防办法：人在大风浪的船中，尽量不走动，或用手抓牢扶手、或用绳索固定，使其不易掉入海里。在不熟悉的海岛礁石区活动时，尽量安排在白天，避免走夜路；最好穿登山鞋，因其鞋底花纹较深，不易打滑。若沙滩平缓，行程较短，也可穿一般溯溪鞋、两栖鞋、人字拖、旅游鞋、运动鞋，但是不宜穿皮鞋，更不要穿高跟鞋。在礁石区活动中要避免碰撞为原则，相互间保持2~3米的安全距离。在陡峭、狭窄、易打滑的危险礁石地段，看清地面情况再落脚。借助树枝攀援时，要手抓活枝，绝不可抓枯枝。在海岛礁石区活动时要穿戴好救生衣和头盔。

二、海水溺水

海水溺水意外在夏季的海边游泳、坠海时有发生。由于海水是高渗溶液，大量的海水进入呼吸道及肺部后，内循环的大量液体从低渗性的血液内快速转移至肺泡，造成严重肺水肿及血液浓缩，3分钟内可使血容量减少40%，结果血压下降导致心力衰竭而死。人淹没于海水中，呼吸道被阻塞或因呛水反射引起喉头、气管痉挛，易造成缺氧和二氧化碳潴留，引起急性窒息，严重者可导致呼吸心跳停止而死亡。海水溺水是海洋体育活动最容易发生的海洋体育风险事故，参与者由于对海域水情、暗流、潮汐等海况不了解而发生海水溺水。

海水溺水急救措施主要有以下几种。

（1）发现有人溺水时，要迅速营救溺水者。救援者尽可能采用一些运输工具，如船只、救生艇、冲浪板或其他漂浮装置尽快接近溺水者，水中营救应从背后托抱，切勿抱其腹侧，出水时宜缓慢，并尽量采取平卧位，到救生艇、或船上、或岸上、或礁石边等，视情况进行抢救，并打120报警。最新证据表明，不必常规进行颈部固定，除非溺水环境提示可能是外伤，如坠海、滑水、外伤体征等，否则脊椎损伤可能性不大。器械固定颈部不仅会阻碍气道的充分开放，还会影响人工呼吸的实施。

（2）视溺水情况进行抢救。清理呼吸道（开放呼吸道）从水中救出后，应立即撬开口腔，迅速清理呼吸道内的泥沙、海藻、呕吐物等，取低头仰卧位以利水分引流，排除气道内的海水。施救设备推荐采用吸引器；腹部冲击法或海姆利希法因具有潜在危险性，故不推荐使用。排水时间不宜过长，《2005年美国心脏学会心肺复苏与心血管急救指南》（以下简称《心肺复苏与心血管急救指南》）指出，进入淹溺者呼吸道的水量通常不是很多，而且少量的水也会很快被吸收，故对于已脱离水体环境的淹溺者，水不是阻碍呼吸道的重要因素。

（3）人工呼吸为溺水患者最初和最重要的治疗。尽早开展尤为重要，可提高复苏成功率，有条件者在水中即可开始。目前多采用口对口或口对鼻的正压通气，实施时应注意充分开放气道，并捏住患者鼻孔，以保证在心肺复苏术过程中获得最佳血液循环；《心肺复苏与心血管急救指南》建议，胸外按压与人工呼吸的比例为30∶2，潮气量应在500～600毫升，通气时间为1秒。需强调的是，应避免通气过度，否则会增加胸内压和颅内压，并降低冠脉血流灌注和平均动脉压，使生存率下降；还有可能导致胃胀气。

（4）胸外按压。急救人员必须在10秒内判断是否心搏骤停，主要判断为颈动脉搏动和心音，非专业人员可直接进入心肺复苏操作。二次人工呼吸后，立即开始胸外心脏按压。按压位置在胸骨下1/2，两乳头连线中点（成人），按压频率100次/分，要求快速、有力、连续，每次按压使胸骨下陷4～5厘米，然后完全回弹。减压期的重要性日益受到关注，胸壁回弹会在胸腔内形成负压，促使静脉血回流至心脏，增加下一次按压周期的前负荷。减压不充分会明显降低平均动脉压，升高右房压，降低冠脉灌注，导致颅内压升高，进而使脑循环和体循环灌注压下降。急救工作应持续至专业医务抢救人员接手抢救或运送到医院急诊抢救。

（5）转送途中注意事项：①密切观察病情变化，随时采取应急措施，并做好记录；②注意保暖；③保持气道通畅，持续吸氧；④一旦患者出现呕吐前兆，应立即将其头部偏向一侧，防止误吸；⑤心跳呼吸未恢复者，应持续心肺复苏，并在头部设置冰袋；⑥有条件者，应建立静脉通道，以利后续治疗。

三、翻船

当海洋体育运动在海上发生船只倾翻险情时，如果无法挽救，只有弃船求生。翻船后的风险主要有如下几类。

（1）溺水。弃船者在跳水前要正确地穿好救生衣，以防溺水。而水面上的漂浮物也常常是致使求生者溺水的元凶。比如大的木头，在大风浪时，容易将人砸昏，致人溺水死亡。

（2）人的体温下降。人漂浮在海面上，过冷或者过热都会随时危及到生命。在低温的水中，人生存的时间很有限，经过科学预测，水温低于0℃，人的生存时间只有15分钟左右；水温在2~4℃时生存时间只有45分钟左右。海上求生时，应尽量避免体力的消耗和体温的散失。

为避免体力的消耗，一定不要声嘶力竭地在海上呼救，这样不但于事无补，还会造成无谓的体力消耗。另外是尽量不要来回游动，如果不是希望就在眼前，还是保持体力，等待救助为好。还有，为了防止体温的散失，在水中还要保持正确的姿势。国际流行的姿势：人的散发热量的位置主要是人的腋下、关节处，把两只手(臂)夹住靠住自己的身体，双手交叉环抱在胸前，腿弯曲并拢，掌握这样的姿势是最好的姿势。这一姿势简称 HELP（Heat Escape Lessening Posture，减少热量散失的姿势）。

在海上遇到的另一紧急情况，就是缺少饮水和食物。海水不能直接饮用，如果饮用对人的伤害是很大的，如果口渴，可以在嘴里面漱漱再吐出来。海中求生还有一个最大的心理问题就是悲观和恐惧。

很多人在遇到溺水情况时都会产生恐慌。只有树立信心，才有可能获得生存的机会。海上遇险时，在可能的情况下一定要拨打海事报警电话——12395（可以简单地记为：一二三救我）。

四、海水暗流的处理

海水暗流是指海底水的流动和水的漩涡现象。是因为海水涌动过程中海底礁石、海沟等物体等对海水的阻挡起回流作用,会形成暗流,和表面水流方向不同。暗流出现在两支水流交汇处,是由两条不同方向的水流互相冲击而成。所以,暗流中水的流动是不规则的。

海泳时,如遇到暗流,正确的方法是:保持冷静,不要潜泳,尽快往水面浮,浮出水面后要换气,按照自己的游泳频率慢慢游,向水流规则的水面游。

五、漩涡的处理

在两股水流交汇处,如船的尾部均容易出现漩涡。漩涡的中心成凹陷形,可将人或物体卷入水底。有漩涡的地方,水面通常有垃圾、树叶等杂物在打转。发现漩涡时最好不要接近它,如果已经接近,应顺着漩涡的外沿,爬泳迅速游离。如果卷入旋转面很大的漩涡时,千万不可慌张,应立即将身体平卧在水面,以爬泳或仰泳姿势快速游离漩涡区。

六、海水中动物的袭击

在海泳时,要向当地渔民了解海洋体育活动海域是否有攻击性动物,如鲨鱼、海蛇、水母群等。

1. 预防鲨鱼攻击的方法

海泳者对付鲨鱼的行动要点主要有以下几项。

(1)减少颜色反差。要穿戴暗色手套、袜子,不穿戴产生反光物品如手表、戒指等。

(2)由于鲨鱼具有出色的嗅觉,尽量避免出血、出汗。

(3)绝对避免主动攻击鲨鱼。当发现鲨鱼出现时,尽可能地快速远离;一旦出现人与鲨鱼接触的情况,不要去碰撞或主动发起攻击。

2. 水母伤害的预防与处理方法

在海水中被水母刺伤时，要保持冷静，立即上岸。

首先把附在皮肤上的水母或其触手清除掉；其次局部伤口用 1∶2000 的高锰酸钾溶液冲洗，通常可缓解症状。如果没有事先准备急救药物，可以就地取材，如用自己的尿液涂抹在患处，可以起到治疗的效果。如果病人出现休克症状，应先进行抗休克处理，然后立即送病人去医院。

七、登礁石时伤害的预防与处理

在海洋体育活动实践中，人们常常需要登礁以登陆上岸，如海钓。为此，在登礁时，必须小心，要穿涉水鞋或防滑的"人"字形橡胶拖鞋，并戴上手套，以防止登礁时踩到苔藓滑倒或被长在礁石上的牡蛎壳等贝壳类划伤或割伤。

八、拍岸浪伤害的预防与处理

在海上活动中回到陆地时，首先要选择好登陆地点，使船只容易靠岸或人可以弃船游到岸上平稳海面。船或人在接近礁石边时，要观察岩石，放慢船速，登陆要瞅准机会，随着波浪前进，防止被迎面扑来的浪峰压倒或打转方向；要用力划桨，但不要穿越正携带我们前进的浪头。如拍岸浪过大，将船头调向海洋，波浪涌来时，将划桨插入波浪。如果漂到一个港湾中，要尽一切努力登岸，因为一旦潮汐变向，又会将人拖入大海。为了尽快到达岸边，舀出船舱中的积水，最大限度地给皮筏充气，这样能更好地利用潮汐的力量。如果落潮时，船只又会被推向深海，应该放下海锚，海锚指向海岸；人要事先将自己系在筏上。把握登陆时机，趁浪头涌过后才上岸，手足并用，奋力攀登，以免被回流的力量扯回海里，在两个浪涌间隙，爬到岩石上。

九、激浪伤害的预防与处理

遇到激浪时，保持冷静，要弄清方向，如浪从正面或侧面打来，可把脸转向背浪的一侧，注意吸气，以免呛水。可借助波浪的冲力，如浪头未到时，要歇息等候，快来时则奋力向岸边游，同时不断地打脚踩水，尽量在浪头上乘势前冲。

可采用"身体冲浪技术",以增加前进速度。方法是:浪头一到,马上挺直身体,抬起头,下巴向前,双臂向前平伸或向后平放,身体保持冲浪板状。

浪头过后,一面踩水,一面回头注意下一个浪头的涌来;双脚能踩到底时,要顶住浪与浪之间的回流,必要时要弯腰蹲在海底。

十、汹涌巨浪的预防与处理

巨浪来势凶猛,汹涌澎湃向海岸滚动,碰到水浅的海底时变形,浪峰一旦破裂,巨浪顶部立即卷成管状,会迅速向海岸边翻滚。海泳者遇到这种汹涌的碎浪,可能随波翻滚,失去上下的感觉,不能呼吸,在浅水中可能撞到海底而晕倒。浪的预防与处理方法,主要有以下几类。

(1)海浪拍岸前,要破浪往海中游泳,或不被浪头冲回岸去,最好的办法是跳过、浮过或游过浪头,从而避免因海浪带着人冲上岸边而发生撞岸岩石等事故。

(2)巨浪往往只是上层海水才会出现汹涌。要避过汹涌的浪头,可潜入水中,然后再钻出水面呼吸,继续前进。

(3)也可钻浪前进,即当前一浪打过来时,不要慌张,马上吸口气,低头钻入浪中,然后在两个浪峰的中间钻出,换气,再接着钻入第二个浪。但应注意:呼吸动作与波浪的起伏相适应,并要注意身体平卧于水面,随浪起伏,情绪稳定。

(4)必要时蹲在海底,双手插入沙里稳住身体。汹涌的波浪在背上通过时,往往感觉得到。波浪过后,蹬脚挺身回到水面,露出头来,并留意下一个浪头。

(5)如果不慎被海浪冲向岩石时,尽可能将双脚抬起放在身前,使岩石冲击的力量落在脚底。弯曲膝盖,缓冲撞击力。

第六节 海洋体育事故求救与信号的使用

SOS 是国际通用的求救信号。一般情况,重复三次都象征求助,根据自身的情况和周围的环境条件,可以点燃三堆火、制造三股浓烟、发出三声响亮口哨、呼喊等。在茫茫无际的大海中，首选的求救方式当然是利用船上的通信设备。如果无法完成，就只能放信号弹（或烟花）了，因为这是国际上公认的海难信号。但 SOS 国际海难求救信号已终止使用。根据总部设在英国伦敦的国际海事组织的规定，已使用了 160 年的海上通信及海难求救摩尔斯电码信号系统，于 1999 年 2 月 1 日在全球彻底终止使用。取而代之的是一种利用无线电卫星通信和定位、被称为"全球海上求助及安全系统"的更为先进的技术方法。

一、火光信号

1. 火光信号

燃放三堆火焰是国际通行的求救信号。将火堆摆放成等腰三角形最为理想，如果条件不允许，燃放一堆火焰也可。

2. 火炬树

海岛上的树木可以充当火种。在树枝之间堆放干燥的小树枝——陈年的鸟巢是最好的引火物，点燃这些引火物会进一步使树枝燃烧产生浓烟；如果小树已死亡，可从根部将其点燃。小树能持续燃烧很长时间（注意：不可以在树林中点火）。

3. 锥形火

在醒目的海滩开阔地带竖起一个三脚支撑物。上面设置一个平台安放火种，平台可使火种与潮湿的地表隔开；也可在底部放置更多的燃料。用绿色树枝覆盖，以保持这一锥形物的干燥，使之燃烧起来更旺，并能放出浓烟。这不仅可使火种保持干燥易燃，在白天也更能引人注意。

4. 利用残骸制作火光信号

在船只的残骸上堆放燃料，这利于隔离潮湿的地面，增强对流，使火焰更为明亮。如果金属被磨光，则可以起到反光镜的作用，增加亮度。

二、烟雾信号

在白天，浓烟升空后与周围环境形成强烈对比，易被发现。在火堆中添加绿草、树叶、苔藓或蕨类植物都能产生浓烟；潮湿的树枝、草席、坐垫可熏烧更长时间。

1. 浓烟信号

在白天，烟雾是良好的定位器，所以火堆上要添加散发烟雾的材料。浓烟升空后与周围环境形成强烈对比，易引起注意。

2. 亮色浓烟

在夜间或深绿色的丛林中亮色浓烟十分醒目。添加绿草、树叶、苔藓和蕨类植物都会产生浓烟。潮湿的东西都产生烟雾，还可驱除蚊蝇。

3. 黑烟

黑色烟雾在茫茫大海中最醒目，橡胶和汽油可产生黑烟。如果受天气条件限制，烟雾只能近地表飘动，可以加大火势，这样暖气流上升势头更猛，会携带烟雾到相当的高度。

4. 烟雾弹

可以使用随身携带的烟雾弹。

三、图形信号

地对空信号的一种主要方式，人们通过摆放图形、文字向飞机求救和告诉遇险情况，帮助内容等紧急求救信号。

1. 字母紧急求救信号

所列字母是国际通用的紧急求救信号，"FILL"有助于记住其中主要的信号。单个一根木棒"I"，是最为重要，制作也最简单的一个。利用对比鲜明的颜色或阴影制作信号，并且尽可能大，以引人注意。推荐的尺寸是每个信号长 10 米、宽 3 米，每个信号间隔 3 米。

2. 布板代码

布板代码应在开阔沙滩地带安放或制作。利用救生包中的指示器板,如果没有这些东西可简易制作。或者沙滩上挖出狭窄的壕沟,在边缘垒上土块墙,加深壕沟的深度。用岩石或树木使其更为醒目。

3. 地对空代码

表明伤势严重,需要立即转移病人;也可表明需要医生。

四、声音信号

可随身携带哨子或者用手指吹口哨,三声短三声长,再三声短;间隔 1 分钟之后再重复。

五、灯光信号

1. 手电信号

手电信号一般用于夜晚近距离有人的范围内求救。有的手电自备这种求救闪烁功能,如亮(0)暗(1)——0-1-0-1-0……,亮暗间隔 1 秒。

2. 反光信号

反光信号利用阳光和一个反射镜即可射出信号光。持续的反射将规律性地产生一条长线和一个圆点,这是摩尔斯代码的一种。注意环视天空,如果有飞机靠近,就快速反射出信号光。这种光线或许会使营救人员目眩,所以一旦确定自己已被发现,应立刻停止反射光线。阴霾、雾气都可能使飞行员很难看到闪光物发出的信号,因此,尽可能到周围地势最高的地方去发信号,如果看不到飞机,那就朝着飞机发出声响的方向发信号。

3. 单层信号反射镜

用简易反射镜反射阳光,让其方向对准飞机或其他可能的联系者。

4. 回光仪

如果有双边信号反射镜,可以在上面挖掘一洞孔,也可达到回光仪的效果。

注意：练习这种发射信号方式，但除非在危险情况下，不要对着飞机反射信号光或发出信息。突然的强烈光线或许使别人惊慌失措，甚至发生危险事故。

六、信号弹

信号弹是一种具有独特颜色和性质而被用作信号的烟火照明弹。白天、夜里都可以使用。红色具有很好的穿透性，在遇到阴雨大雾天气的时候也不会影响到信号的传递。

1. 星状伞投信号弹

这种信号弹射程高度达 200~215 米，下落速度为 2.1 米/秒。M126 型（红色）能够燃烧大约 50 秒，M127 型（白色）可以燃烧大约 25 秒。在夜间，这些信号弹的可视范围为 48 ~ 56 千米（30~35 英里）。

2. 星状烟火信号弹

红色是国际通用的危险颜色，所以，如果可能的话，使用红色的烟火信号弹，不过任何颜色都可以使救援人员发现自己的位置。星状烟火信号弹射程高度达 200~215 米，可持续燃烧 6~10 秒，下落速度为每秒 14 米。

七、国际通用的海难营救代码

1. 求救信息

求救信号为 SOS、信号闪光物为红色、信号光为三次短（快速闪烁），三次长，再三次短，间隔一分钟后重复；声音信号为三声短（而尖锐的声音）三声长，再三声短，间隔 1 分钟之后重复。

2. 帮助信息

信号闪光物为白色。信号光为六次快速而连续的火光闪烁、间隔 1 分钟后重复。声音信号：六次快速而连续的发声，间隔 1 分钟后重复。

3. 了解信息

表示了解信号。信号闪光物为白色；信号光为三次快速而连续的火光闪烁，间隔 1 分钟后重复。声音信号为三次快速而连续的发声，间隔 1 分钟后重复。

八、闪光物

在搜寻过程中,任何闪光都会引起注意。但是还是应选择最佳颜色。

1. 最佳颜色

接近树林的区域,绿色光对比度差,而红色光醒目。红色与绿色光线最好。对各种形式的发光物都要熟悉,正确掌握它们的用法。

2. 闪光物的种类

有些闪光物要求手持燃放,且两端各有用途:一端点燃后产生浓烟,可白天使用;另一端点燃后则产生光线,可夜晚使用。闪光物发射越高越易引人注意。一些闪光物和烟火弹点燃后会升至空中,从远处也能观察到;有的闪光物能升至90米的空中并且打开一个降落伞,可使火光在空中悬浮几分钟之久。另一些烟火弹爆发出大的响声和散出各种颜色的小球。

九、其他求救方法

1. 现代求救方法

随着时代的发展,各种现代求救设备逐渐普及,如信标机、无线电通讯机、卫星电话等设备,如果有条件可以逐步配备这些现代设备。

2. 海岛野外求救的特殊装备

飞行人员救生物品中包含救生电台、光烟信号管、太阳反光镜、救生信号枪弹、闪光标位器、海水染色剂、救生口哨等物品。

3. 日常生活求救

声响求救,遇到危难时,除了喊叫求救外,还可以吹响哨子、击打脸盆或其他能发声的金属器皿,甚至打碎玻璃等物品向周围发出求救信号;抛物求救。

4. 求生毯

求生毯有一面是用反光材料做的,一个功能就是反光,另外一个功能是保温。利用求生毯的反光面来做求生信号比较明显,在独立的区域内,一个闪光的标志会比较明显。

5. 电话求救

牢记必要的急救电话，也可以有效获得救助。

十、旗语

旗语是世界各国海军通用的语言。不同的旗子，经过不同组合表达着不同的意思。

1. 旗语信号

将一面旗子或一块鲜艳的布料系在木棒上，持棒运动时，在左侧长划，右侧短划，加大动作的幅度，做"8"字形运动。如果双方距离较近，不必做"8"字形运动。一个简单的划行动作就可以，在左侧长划一次，在右边短划一次，前者应比后者用时稍长。

2. 有用的单词

SOS（求救）、SEND（送出）、DOCTOR（医生）、HELP（请求帮助）、INJURY（受伤）、TRAPPED（被困）、LOST（迷失）、WATER（水）。

3. 手旗旗语

手旗旗语是一种海上通信方式；适用于白天、距离较近且视距良好的情况下。手旗是一种方形旗，面积较小，根部套有一根木棍。手旗通信需要使用两面旗子，信号兵每手各持一面旗子，站在舷边较高较突出的部位，通过旗子相对于身体的不同位置，表达着不同的字母和符号。例如，左手垂直举起，右手平行伸出表示"P"。右手垂直举起、左手平行伸出表示"J"。两手平行伸出表示"R"。两手垂直举起表示隔音。几个拼音字母组成一个字，若干个字组成一个意思。手旗还可以为本舰（船）放下的小艇指示方向。

4. 信号灯

夜间距离较近时，一般使用灯光通信。军舰晚上一般是使用信号灯来相互交换信息。

思 考 题

1. 如何理解海洋体育风险概念？
2. 简述海洋体育风险的特征与分类。
3. 如何管理海洋体育风险？
4. 如何识别海洋体育风险？
5. 如何防范海洋体育风险？
6. 讨论在落入海水里如何救生。

第四章　滨海类海洋体育项目

教学目标
1. 学习和掌握滨海类海洋体育项目运动起源、注意事项、运动技巧等内容。
2. 了解滨海类海洋体育项目内容、练习方法和比赛裁判规则。

滨海是陆地系统和海洋系统的一个接合部，海陆相互作用而变化的活跃地带，是一个敏感带、过渡带，是地球生命支持系统的一个基本组成部分，是地球系统科学的重要组成部分。关于滨海区域的范围，目前，无通用的标准，各国对滨海区域范围的划分差别很大，定义较多，划分标准较多如自然地理标准、经济地理标准、行政区域标准、距离标准等。按照《现代汉语词典》对"滨海"的解释，可以把"滨海"理解成"靠近（临近）水的地方"；按自然地理标准来通俗地理解。海滨的范围应是海岸、沙滩、滩涂、潮间带、礁石等靠近（临近）海水的地方，换句话说，就是在有海水的边上。综上所述，滨海体育的界定是指在海岸线、潮间带、岛礁等区域内进行的体育运动，如沙滩排球、沙滩足球等。

第一节　涉海日光浴

涉海日光浴指人们在沙滩、游艇、滨海等地方让肌肤暴露在阳光的紫外线下的方法使日光照射在人体上，引起一系列的生理、生化反应的锻炼或防治慢性病的方法，涉海日光浴常和冷水浴、空气浴结合运用。

日光浴又称为美黑，过量暴晒会形成日照灼伤即所谓"晒伤"。美黑最早的由来就如它的名字"Sun Tanning"——日光浴。

一、原理

太阳光根据波长可分为红外光（波长760纳米以上）、可见光（波长400~760纳米）和紫外光（波长180~400纳米）。其中，红外光和紫外光都是不可见光。

红外线能透过表皮达到深部组织，使照射部位组织温度升高，血管扩张，血流加快，血液循环改善；如果长时间较强烈地照射，可使全身的温度升高。

日光中的可见光线，主要通过视觉和皮肤对人有振奋情绪的作用，能使人心情舒畅。

紫外线是日光中对人体作用最强的光谱，能够加强血液和淋巴循环，促进物质代谢过程；可使皮肤中的麦角固醇转变成维生素 D，调节钙磷代谢，促使骨骼正常发育。但是大量的紫外线照射，可使皮肤产生红斑，皮肤细胞蛋白质分解变性，释放出类组织胺进入血液，刺激造血系统，使红细胞、白细胞、血小板增加，使吞噬细胞更加活跃。反复进行日光照射，由于紫外线使皮肤里的黑色素原转变成黑色素，经过照射的皮肤便呈现一种均匀健康的黑黝色。黑色素又能把更多的日光辐射吸收，转变成热能，刺激汗腺分泌。紫外光还是一种天然的消毒剂，各种微生物在紫外线的照射下很快失去活力。

二、防护

涂抹防晒乳可起到一定的防护作用。防晒乳有好几种，使用者可以结合自身情况或咨询专业人士后选用。

三、方法

一般用直接照射法，可取卧位或坐位，必须按照循序渐进的原则，逐渐扩大照射部位和延长时间，使人体逐渐适应日光的刺激。一般，先照射下肢和背部，然后照上肢和胸腹部；要保护头部和眼睛免受照射，可用白毛巾、草帽遮头并戴墨镜。

一般采取全身日光浴,也可根据病变部位的不同,采取背光浴、面光浴、部分肢体浴等。全身日光浴等。全身日光浴要求赤身裸体,并不断地翻转身体,使各部分能充分地接受日光的照射。最开始时,每次照射10分钟即可,以后可逐渐增加到30分钟。局部日光浴者可用雨伞或布单遮挡,每次日光浴后可用35℃的温度淋浴,然后静卧休息。一般连续20天左右。

四、注意事项

(1)有严重的心脏病、肺结核、发烧及出血性素质等疾病时,禁用日光浴。

(2)照射中如有恶心、眩晕、烦热等反应,应立即中止,到阴凉处休息;以后再照射时应适当减量。

(3)当日光浴后出现疲劳、失眠、食欲不振等现象,可能为日光的蓄积作用,应休息几天,待症状消失后再继续照射。

(4)每次日光浴前,最好先作短时间的空气浴,日光浴后再用凉水擦身。

(5)照射的时间要根据体质而定,虚弱者时间宜短些,强壮者、慢性病患者照射时间宜长些。头部要注意遮挡,以免引起头晕、头痛。

第二节 海滩沙浴

海滩沙浴是以沙洗澡。在自然界,也有用沙洗澡的动物,如鸟类、大象等。

海滩沙浴疗法是指用海滩沙子受日光照射集聚的热量释放透过沙子缓缓地传遍全身,可减轻疼痛、祛除风湿、减肥等以达到治疗目的的方法。浴后会感到全身松爽。其机制是通过沙与身体的摩擦作用,增强机体代谢过程,促进血液循环,从而达到消炎镇痛,解除肌肉痉挛,改善神经、肌肉营养的作用。

一、原理

由于沙粒疏松、热容量和传热性较大,很容易被日光加热,可直接用于沙浴;也可以采用人工加热的方式,即用大锅将沙炒热后进行沙浴。沙疗既经济又方便,无副作用,对风湿性关节炎、类风湿关节炎、慢性腰腿痛和血管栓塞性脉管炎等疾病,均具有超过药物治疗的疗效。高温的沙粒通过压力向人体组织的深部传导,加快血流量,促进血液循环,从而扩张末梢血管,调整全身的生理反应,进而激活与恢复神经功能,改善患病部位的新陈代谢,活跃网状内皮系统功能,调节机体的整体平衡,以此达到治病的效果。最新医学发现,沙浴有很明显的减肥作用,如果身体健康的人,在沙中来回走动 20~30 分钟,使人体细胞深层排液,对减肥起到了立竿见影的作用。

二、分类

沙浴可分为全身海滩沙浴与局部沙浴两种。

1. 全身海滩沙浴

在进行海滩沙浴时穿沙滩裤或游泳衣,躺在事先准备能全身覆盖且温度适宜的沙子中,厚度为 10～20 厘米,腹部可薄一些(6～8 厘米),头部应有遮光设备。开始时,每次沙浴的时间约为 30 分钟,以后可逐渐延长,最长不宜超过 90 分钟。

2. 局部沙浴

仰卧,把手和足部埋在热沙中,在身体周围用热沙堆积至与胸腹部等高,再加盖床单保温,持续 30～70 分钟。

三、注意事项

(1)在海滩进行沙浴时,应注意遮盖头部及身体裸露部位,以防止晒伤。
(2)治疗过程中如果出现头晕、心悸、恶心、呕吐、大量出汗或局部疼痛严重以及水肿时,应停止治疗。
(3)沙浴后注意冲洗干净,并注意休息。
(4)在进行沙浴时应注意补充水分。

四、沙浴的禁忌证

（1）治疗部位患有皮肤急性炎症和湿疹者。
（2）患有肺结核及其他结核者。
（3）患有出血倾向疾病、恶性贫血者。
（4）患有重症哮喘者。
（5）全身衰弱者。
（6）患有肿瘤不者。
（7）心功能不全、脑动脉硬化、肾性高血压、糖尿病、甲状腺功能亢进者，不宜进行沙浴。

第三节　沙滩跑步

在沙滩上跑步时，不仅锻炼人的体格，而且由于其活动环境的安排，还在一定程度上带给人们视觉享受和呼吸系统的顺畅。首先，为了保持身体的平衡，腿部肌肉要比平时跑步用力更大，这能增强对肌肉的锻炼效果；其次，踝、膝、髋、腰等部位关节要相互配合，这能提高关节灵活性，增强心肺活动机能；再次，细沙能按摩脚底，增进末梢血液循环，提高抵抗力和耐寒能力；另外，医学家在研究中还发现，沙滩跑步能刺激副肾上腺组织，促进激素分泌，起到美白肌肤的作用。

一、分类

沙滩跑步分两种：一是赤脚跑步；二是穿跑步鞋跑步。
（1）赤脚沙滩跑步。宜在沙子无杂质的沙滩上进行，通过沙子以按摩脚底，促进血管末梢的血液循环。
（2）穿跑步鞋跑步，能增强对下肢肌肉的锻炼，提高下肢关节的灵活性。

二、注意事项

（1）要了解沙滩沙子的质地，是否有杂质，以便选择赤脚跑，还是穿鞋跑。
（2）沙滩临海，海风较大，要注意防寒、防感冒。

第四节 沙 雕

沙雕就是把沙堆积并凝固起来，然后雕琢成各种各样的造型。比较公认的定义是：一种融雕塑、绘画、建筑、体育、娱乐于一体的边缘艺术（图4-1）。

沙雕真正的魅力在于以纯粹自然的沙和水为材料，通过艺术家的创造，呈现迷人的视觉奇观。沙雕艺术体现自然景观、自然美与艺术美和谐统一，其体积的巨大是传统雕塑难以比拟的，具有强烈的视觉冲击力。

图4-1 沙雕

沙雕只能用沙和水为材料，雕塑过程中不允许使用任何化学胶粘剂。作品完成以后经过表面喷洒特制的胶水加固，在正常情况下一般可以保持几个月。由于沙雕会在一段时间内瓦解，所以又被称为"速朽艺术"。

一、起源发展

公元前4000年，埃及人已经用沙来辅助建设金字塔，但现代沙雕艺术起源于100多年前的美国。随着沙雕活动的不断举办，人们对不同种类的沙子及沙雕各种技巧有了经验，人们不仅从艺术的角度来提高沙雕质量，而且把它发展成为巨型雕塑。20世纪80年代发展成为一门现代艺术，其特有的艺术品位与魅力风靡全球，受到全世界游客的喜爱。

如今沙雕艺术已遍布世界100多个国家和地区，这些地区多为著名滨海胜地。亚太沙雕协会先后授权包括亚太地区众多国家举办国际沙雕艺术节。大型组合沙雕可充分展示沙雕的大体量造型，大型组合沙雕上的各个单位沙雕围绕一个主题，将使沙雕作品具有较强的故事性和趣味性，增强作品的文化内涵。同时，在组合沙雕上将设计与主题相协调的游览路线，使游客可走近沙雕，从各个角度观赏，体验乐趣，将进一步增强沙雕场景的真实性和艺术效果。沙雕艺术和其延伸出的相关商业活动以及对当地旅游市场的带动，都有骄人的成绩，为当前许多大的城市所钟爱。目前，著名的沙雕节包括美国佛罗里达州MVERS，德国沙雕节，意大利威尼斯沙雕节，中国舟山国际沙雕节，上海松江国际沙雕节等。

二、方法

沙雕，顾名思义，就是利用堆起来的沙子来雕刻，将沙堆雕刻成为艺术品。那么，松散的沙子又是怎样凝聚成可以在上雕琢的带有硬质感的沙堆呢？从沙雕创作的制作工艺上谈，沙雕创作事先有很多十分费工费力的准备工作要做，而这准备工作其实就是一项工程。

1. 堆沙堆

第一步，准备好固定散沙的铁板围圈，用高80厘米、长7米、宽8米的铁板围成一个长方形沙雕堆基底。

第二步，用推土机向基底里填倒沙子，放在一个围框内，推土机要两大铲斗的沙子才能填平一层。

第三步，接下来是向沙基堆里浇水，大体上水和沙的比例要相当，也就是说，填入多少沙就要浇多少水。而要使一盘散沙始终保持着沙堆的可塑性，必须不断给它们"喂水"。

第四步，用机夯从每一个点上不停地轮回夯打，使沙子和水糅合在一起。重复前面步骤。大体经过三遍，底层的沙基算固定好了，这就需要向上发展。

沙雕用沙不是以细腻论质，而是要看有无凝聚力，带有沙土质的沙就有在方形底基上向上发展的空间。

在沙基底基夯实基础上重复上述第一步至第四步几个步骤的工作，一直要加固到七层。

经过艺术家的加工，没有生命力的散沙能够为自然界为人类带来美。除了极少量定型用的水融性胶以外，沙雕只用沙和水两种材料。谈到对沙雕作品的保护问题，正反两方一直都各执己见。一件沙雕作品如果保存得当，能保留一年左右时间。目前世界上保留时间最长的沙雕作品也有十几年的。除去上面所说"不可抗力因素"，这里的决定性因素是沙质。也有人认为，沙雕作品的独特之处在于它是即时性的创造。把记忆留在人们的脑海里，其实更能激发起人们对美的遐想。

2. 技巧

沙雕的雕塑技巧主要有堆、挖、雕、掏等。

第五节 沙滩爬船网

爬船网也是渔民日常劳作内容之一。沙滩爬船网则相当于田径比赛的障碍比赛，分别需要跨过障碍物、翻越船网、钻过网洞，时间最短者取胜（图 4-2）。

队员分别站在间距为 50 米的比赛场地两端，做好准备姿势，听到口令后，第 1 号队员向前行进，到 10 米处先跨过 5 只栏架（每只距离为 3 米），再到 30 米处开始攀爬船网，（攀爬姿势不限，船网高为 3 米），越过船网落地，跑到前面钻过网洞（网洞直径 80 厘米）到达终点为该名队员比赛结束，第 2 号队员马上进行，依此类推，直至第 4 号队员完成全程。各队一次机会，以用时少的队名次列前。如两队成绩相同则名次并列，也可以分段计时成绩靠前，则名次列前计取，依次类推。

图 4-2 沙滩爬船网

未越过栏架、钻过网洞、攀爬船网中途落地重新开始,计时不停表。

船网高度离地约 3 米,比赛时允许运动员自带手套,参赛队员需穿过这些障碍物到达终点后迅速跑回起点,换下一个队员上阵。

第六节　沙滩大力士

沙滩大力士比赛也是缘于渔民的日常劳作,但正式比赛时选手却只能单枪匹马,独自完成拖渔船(图 4-3)、提渔网(图 4-4)、抱油桶(图 4-5)三项比赛。男子比赛用船有 100 千克重,两捆渔网一共是 20 千克,油桶重约 15 千克。

图 4-3　沙滩大力士——拖渔船　　　图 4-4　沙滩大力士——提渔网　　　图 4-5　沙滩大力士——抱油桶

一、竞赛类别

男子组:　70 千克、75 千克、80 千克、85 千克、90 千克和 90 千克以上级。
女子组:　55 千克、60 千克、65 千克、70 千克和 70 千克以上级。

二、竞赛办法

(1)沙滩大力士比赛要求连续进行,依次为拖渔船、提渔网、抱油桶。

(2)运动员将绳索套在腰背站在起点线上待命,听口令后,用力将渔船拉向前方 20 米处,船尾越过标志点后,进行第二项比赛"提渔网";运动员双手各拿渔网,向前行进到 20 米处越过标志点,再进行第三项比赛"抱油桶";运动员抱起油桶向前行进到 20 米处越过标志点，比赛结束。比赛成绩以完成 3 个项目用时少者名次列前，如成绩相等，则进行单项（拉渔船）加赛。

（3）运动必须按规定要求进行比赛，如出现推、扔、拖鱼网和油桶则取消比赛成绩。

（4）比赛器材重量根据男女运动员级别另定。

第七节　沙滩拔河（滩涂拔河）

一、源起

沙滩拔河（滩涂拔河），海岛渔民最喜欢拔河，因为，渔民在生产、生活中，因台风、修船、补网之需要把渔船拉上海滩、把渔网等都要依靠双手的臂力，并需要众人参与，齐心合力。有时渔民还要把船从滩涂中往岸边拉船，两脚陷在泥涂中，两手沾满湿滑的海泥，难度更大，所以，沙滩拔河（滩涂拔河）其实是对渔民海上作业的演练和锻炼（图 4-6、图 4-7）。

图 4-6　滩涂拔河 　　　　　　　图 4-7　沙滩拔河

二、沙滩拔河（滩涂拔河）比赛的技巧

1. 准备姿势

（1）握绳：双手手心要向上。

（2）拉绳：绳要从腋下过，且用上臂夹紧。

（3）脚尖必须在膝盖之前，而且在拔河令发出之前全身应伸展拉直。

2. 站姿

全体人尽量向后倾斜，半蹲，马步，重心向后压。重心一定要低，集体往后仰。简单一点来说就是将腹或者髋挺出前面，眼睛看天。前后队员间保持合适距离。

3. 排序

从绳子末端到最前线，队员们按体重由重到轻依次（不要左右交错）排列。注意拉开距离以防踩踏。

4. 用力

比赛前一定要把绳子拉到最直，否则后面的人再用力，绳子是弯的，力就被中和了。所有人的用力都要向正后，否则一部分力会被自己人的力抵消，事倍功半。两手相隔20厘米，要视个人臂长而定。注意：习惯左手的选手左手在后。用力会更方便；帮忙喊号子的拉拉队要叫"1—2—1—2"，喊"1"时要稳住，喊"2"时要使劲拉，喊号子的节奏开始时可以较慢，然后逐渐加快。

5. 重心

拔河时身体喊号子的节奏开始时可以较慢，然后逐渐加快。最后一个拉绳子的人一定要越胖越好，当然要有劲，他蹲（重心）的必须比较低，这样不容易被人拉跑。前面人把绳子尽量压低，因为如果前面高的话，往往后面因绳太高而用不上力。人的重心要在后面，就是脚在前，身子在后。不要用手的劲，要用身体"体重+腿力+臂力"来拉。

6. 鞋的要求

沙滩拔河要穿脚底纹路明显的鞋，这样的鞋鞋底摩擦力大，脚步移动时要用鞋子脚跟陷在沙子坑中。

滩涂拔河时要赤脚，这样可以增加摩擦力。

第八节 沙滩摔跤（滩涂摔跤）

一、起源

根据文字记载和传说，早在 4000 年前的原始社会就有了摔跤活动。当时，人们为了求得生存，在与自然界进行斗争中，在部落之间的冲突中，依靠自己的力量、技巧取得食物和进行自卫，从而产生了摔跤这项体育运动（图 4-8、图 4-9）。

图 4-8 滩涂摔跤

图 4-9 沙滩摔跤

据南朝人任昉著的《述异记》中记载："秦汉间说，蚩尤氏耳鬓如剑戟，头有角，与轩辕斗，以角抵人，人不能向。今翼州有乐名蚩尤戏，其两两三三，头戴牛角以相抵，汉造角抵戏，盖其遗制也。"这种"蚩尤戏"就是我国古代摔跤的雏形。

由此说，我国古代摔跤始于黄帝时代。公元前 11 世纪，西周初年，摔跤作为练兵的一项军事科目出现。据《礼记·月令》中记载："孟冬之月，……天子乃命将帅讲武，习射御角力。"由于当时兵器差，射箭、驾车、角力都是军队操练的主要科目。

至清朝，摔跤以"布库"之戏得以广泛传播。由于清代皇帝的大力提倡，满族、蒙古族和汉族跤手相互学习，取长补短，使摔跤技术不断提高、不断完善，最终发展成近代中国式摔跤。中国式摔跤是我国各族跤手共同创造和发展起来的。

1975 年在湖北江陵县凤凰山汉墓中出土的木篦，上有古代摔跤的画面。这是迄今发现的年代最早的有关古代摔跤的史料。

中国摔跤运动有悠久的历史，它是一种民族形式的体育项目，也是中国文化遗产之一，根据有关史料和文物记载，早在2000多年前，中国已有摔跤运动。当发展至清末时，中国跤术已达到较高水平。当时食俸禄的布库叫官跤，又叫官腿；民间从事摔跤运动用于消遣的个人称私跤或私练。此时，这项活动的名称繁多，如掼跤、争跤、摔跤、摔角、率角，而最普通的是称摔跤。

摔跤是重竞技运动项目之一，指两人徒手相搏，按一定的规则，以各种技术、技巧和方法摔倒对手。摔跤被公认为是世界上最早的竞技体育运动。

而在海岛则盛行沙滩摔跤或滩涂摔跤，有特殊原因：一是渔民出海前在沙滩候船，为打发寂寞，相互摔跤取乐；二是青年渔民性格豪爽、争强好胜，相互比体力以决胜负；三是沙滩或滩涂质软，摔跤倒地，也无伤害，故盛行之。

二、沙滩摔跤技巧

1. 要想摔人先学挨摔

沙滩摔跤运动是两人全力以赴、举手不让的对抗性运动，在比赛互有输赢，摔跤也是一项容易受伤的运动，碰破、擦伤甚至骨折、脑震荡等在所难免，这些伤害事故多在倒地时发生。因此，摔跤者应先学会"挨摔"——主要指倒地的方法，以避免或减轻损伤。倒地时无论向前倒、向后倒还是向侧倒，总的原则是：手掌先着地，十指向内，屈肘弯臂，缓冲下落，全身保持紧张状态，屏住呼吸，滚动圆滑。可通过前后翻滚、虎扑等徒手练习学会各种倒地的自我保护方法。而在滩涂摔跤中则不存在碰破、擦伤甚至骨折、脑震荡很有等伤害事故，因为沙滩的沙、泥很嫩，不会伤到摔跤者。

2. 手是两扇门，全凭腿赢人

在沙滩摔跤中，手是门户，起着攻前的准备和防守的作用，如抓、握、推、撕、抹、撑等无不用手，可谓"蛟撩一把手"。然而，在沙滩摔跤动作中多以腿使绊子，以腿作为攻击手段，如勾、挑、撩、撮、爬等动作无不用腿，手法进逼快速，运用灵活，而腿则力量大，攻击性强。沙滩摔跤技术原本是手、脚配合，全身协调用力的技巧。因此，在训练过程中，应注意上下手脚的配合练习，不要停顿。在滩涂摔跤中则很少使用腿的动作，因为摔跤者双方的两腿在比赛中都深陷于滩涂泥中，不容易把腿拔出来使用，主要使用手功或腰功，把对方击倒在泥中。

3. 宁输跤，不输把

"把"是指在沙滩摔跤中的把位和抢把，把上功夫好坏在某种程度上反映跤手的整体水平。"行家一出手，便知有没有"，因此，抢把在沙滩摔跤和滩涂摔跤中占有重要地位。抢把贵在快、准、固，抢住自己得力的把位，便可控制对手取得进攻与防守的主动权，也就意味着赢了一半；相反，便输定了。把位很讲究，每个绊子都有相应的抓抢部位，如正襟、偏门、小袖、大袖、大领、前后中心举。练把不但要练抢把，同时也要练开把，即解脱；否则，便陷于被动。练好一把手并非易事，需常年苦练，勤练不辍。

4. 站如熊、卧如虎

对"跤架"的形容。"跤架"即摔跤的架势，是维持身体重心、保持身体平衡的前提，"手是两扇门，全凭腿赢人，重心掌握稳，四两拨千斤"是对摔跤总的要求；自己重心失掉，其他便无从谈起，可见跤架的重要。而滩涂摔跤中只有站姿，没有卧姿和跤架，这是因为，滩涂泥质是软的，不经架，就陷了。沙滩摔跤要求自然有力，刚柔相济，稳若泰山，如同熊一样稳固，虎一样精神。即使没有"虎背熊腰"之躯，也需表现"熊风虎威"之势，也就叫做"失跤不失态""失手不失势"。

5. 走对了步赢跤

沙滩摔跤中的步法是维持和调整身体重心的手段，也是攻守动作的前提。在摔跤过程中，双方大脚步在不停地运动，"脚步乱，章法乱"，脚步一乱，最易让对方抓破绽。摔跤常用的步法有盖步、滑步、跨步、冲步、跟步、进步、退步、跳步、平行步、车轮步等，在不同情况下不同地运用，但无论运用那种步法，都要讲究"步动重心移"，即重心随步的变化而移动，否则便失去重心。在摔跤中切忌走"并步"（两脚并立）和"一线步"（两脚在一条线上）。抓把要准，使绊要狠："抓把要准"是指出手快，抢抓对方的部位准确无误，只要做到"准"才能节省时间，用绊及时。要"准"就必须练习把上的功夫，了解人体移动时把位的变化规律。"使绊要狠"是说用绊时不要犹豫，要果断，要全力以赴、不遗余力。"狠"不但可以增力，亦可增威，从心理上给对方以威胁。在滩涂摔跤中没有步法可言。

6. 取胜在变脸

变脸是沙滩摔跤技术中的一个关键性动作，即在使绊子的同时，将脸向自身的左右或左后、右后快速而有力地甩动。摔跤的每一个动作都要求身体各个部位的协调配合。比如"大别子"，己方用左腿别摔对方，必须在左腿别的同时上体右转，头下潜，脸向右下方扭转。在许多动作中，要求头在先，腰要变在先，以变脸、转头带动上体的运转。没有变脸就谈不上提转，在系列动作中变脸是关键性的一环。在解脱、撕把、假动作的运用中，也常常要发挥变脸的作用。在联系基本功时应注意变脸的配合，如抖皮条、拧大棒、推花砖等联系，要将步、腰、脸溶成一体，反复练习便可"习以为常"，"变脸"自然而出。

7. 头是一把手

"摔跤三只手，头是一把手"。头在摔跤中可以起到以下作用。一顶：顶住对方的左（右）胸部，限制其进攻。二挡：有意挡住对方的视线，破坏对方的视力，限制对方的视野。三枕：如使用抱大腿翻及靠、挤等动作时均有头参与，用头枕之，以加力量。四假动作：以头的晃动作为假动作来迷惑对方等。总之，要提高头的战术意识。

8. 顺人之势，借人之力

沙滩摔跤讲究"借劲使劲"，"以化劲"，跤谚有云："顺力破之为巧，逆力破之为拙"。意思是说，在沙滩摔跤中力量的运用主要依靠巧劲。两人对摔时均在不停地运动，应善于掌握人的运动规律，从而把握对方。例如：对方用右手抢抓己方的左偏门，其上体势必向己方左后方运动，己方便可借其力的走向采用克敌招数，将其力化解。"顺势""借力"贵在"快"与"巧"。"快"指以迅雷不及掩耳之势让对手防不胜防；"巧"指借力用力的方向、角度、力度要恰到好处。做到这些，首先应懂得人在摔跤中用力的规律和各种摔跤动作的技术特点。

9. 一力降十会

力量是一切竞技运动的基础，沙滩摔跤和滩涂摔跤更是如此。具体而言，沙滩摔跤和滩涂摔跤是力与巧的技艺，在双方技术势均力敌的情况下，力量便是取胜的决定因素；倘己方力大于彼，对方的技法便难以施展。人的力分为两种：一是先天自然之力，即"本力"；二是后天得来之力，即通过锻炼所得。因此，除自身的"本力"外，且不可忽视力的专门训练。爆发力——在最短的时间内发挥肌肉最大的力量，运用在摔跤中尤为重要，在训练中应着重、训练爆发力。

10. 以巧破千斤

其意思指在两人对摔中不要用"死劲""蛮劲"，要善于用"巧劲"，善于借对方的劲使劲，即根据对手的用力大小、方向、角度，来运用自己的力量，使对方的力量化解甚至变为"负力"。其表现形式如"斜劲化直劲""横刀破直力""顺手牵羊"。做到"以巧破千斤"，必须熟悉各种摔跤动作的技法运用，并具备高超的战术意识、丰富的实战经验和手疾眼快的应变能力。

三、获胜方式

在沙滩或滩涂上划一个圆，圆的半径为 2 米，两名渔民在圈内进行摔跤比赛，以倒地（臀部或背部触地为准）或逐出圆圈为输。

沙滩摔跤规则同样适用于滩涂摔跤比赛。

四、沙滩摔跤竞赛类别

男子：65 千克、70 千克、80 千克、85 千克和 90 千克以上级。
女子：50 千克、60 千克和 70 千克以上级。

第九节　沙滩放鸢

放鸢也叫放风筝，放风筝是中国民间广为盛行的一项传统体育运动。汉族及部分少数民族传统的娱乐风俗。流行于中国各地，历史悠久，至今已有 2000 余年的历史，被称为人类最早的飞行器。鸢原用于军事上，相传春秋时期，著名的建筑工匠鲁班曾制木鸢飞上天空。后来，以纸代木，称为"纸鸢"；汉代起，人们开始将其用于测量和传递消息；唐代时，风筝传入朝鲜、日本等周边国家；到五代时期，又在纸鸢上系以竹哨，风入竹哨，声如筝鸣，因此又称"风筝"；至宋代，放风筝逐渐成为一种民间娱乐游戏；元代时，风筝传入欧洲诸国。唐以前的风筝用丝绸制作，晚唐时改用纸制。风筝品种繁多，结构有硬翅、软翅、伞形、桶形、长串等；风筝的制作题材广泛，形式多样；民间还创造了风筝上的附加物，如有音响的"鹤琴""锣鼓"，有灯光装置的"灯笼"，有散落携带物的"送饭儿的"等，独具特色。

沙滩放鸢（图 4-10），海滩由于场面开阔、海风习习，非常利于鸢子上天。同时，渔民放鸢是把晦气放向远方海面，以保海岛渔民的平安，因此，沙滩放鸢历来成为海岛人爱好和滩上竞技之一。每到清明、立夏、中秋、重阳，形成了"滩头众人牵戏，空中满眼鸢飞"的壮丽场面。比赛方法以谁放鸢的时间长、完美无损落地者为胜。

2005 年、2006 年在浙江省岱山县后沙洋举办过浙江省风筝比赛，而 2010 年起升级为全国性赛事。

一、放风筝的技巧

风筝能否飞上天，选准牵引点是关键。牵引点选择得准，风筝受风平衡，放飞时就不会打旋、摇摆，容易直飞上天。风筝由于形状和大小各异，一般有 1~3 个牵引点，如金鱼风筝只需选择一点，蝴蝶风筝要在头部和两翼各选择一对应点，然后用手抓住牵引点左右轻轻摆动，也可拿到室外试放，如风筝向一侧倾斜，则需重新选择牵引点。

此外，还需掌握放飞的方法。一般的方法是由一个同伴拿着风筝，顺风走到下风处，放风筝的人手里牵着线站在上风处，两者相距 50 米左右。拿风筝的人将风筝上举，并就势推向空中；放风筝的人拉着风筝线迎风奔跑，跑的速度取决于风筝上升的情况和手中线的拉力大小。风筝上升慢，线的拉力就小，应加快跑速；风筝上升快，线的拉力大，则要放慢奔跑速度。风筝上升的同时，应根据线的拉力大小，适当放线，这样才能使风筝平稳地飞上蓝天，在天空中自由地翱翔。

二、放风筝的步骤与方法

（1）在风力适足的时候，放风筝可以不必请人帮忙，自己拿风筝的提线，逆风向前边跑边看，直到感觉风劲够，再停下来慢慢放线。

（2）当风力不济时，快速向后收线，给予人工加风，如感觉风筝线有拉力时，就要把握时机放线，若风筝有下降的趋势，须迅速收回一部分风筝线，直到风筝能在天空挺住不坠。

（3）当风力突然转强，风筝摇摆而倾斜度过大时可有两种控制方法：一是迅速放线；二是迅速往风筝方向奔跑数步，可缓和其势。

（4）当风力停顿，风筝向下坠落时，可将风筝轻抖数下或迅速向后奔跑，如果后退无路，则可用迅速收线的方法处理。

（5）如遇两只风筝线纠缠在一起，不要惊慌，立刻与纠缠者靠近，互相交换调整，使线松开。

（6）收回风筝时，要慢慢收线，收线要尽量远离有高大树木的地方，以免风筝坠落挂在树上。

图 4-10　沙滩放鸢

三、沙滩风筝比赛类型

1. 巨型类

风筝面积在 15 平方米以上或龙类风筝腰节直径在 45 厘米以上，长度 300 米以上。

2. 龙类

直径 25 厘米以上，80 节以上。

3. 软体类

面积在 5 平方米以上。

4. 板式串类

有软、硬板串及其他串类。每串 6 只以上；大型的面积 1.0 平方米以上；中型的面积 0.7 平方米以上。

5. 翅式串类

分软、硬两种，每串 6 只以上。大型，面积 1.0 平方米以上。中型，面积 0.7 平方米以上。

6. 翅类

有软翅、硬翅。超大型的面积在 1.5 平方米以上；大型，面积 1.0 平方米以上。

7. 板类

软板、硬板；超大型，面积在 1.5 平方米以上；大型，面积 1.0 平方米。

8. 立体类

包括几何体；大型，面积在 1.0 平方米以上。

四、注意事项

（1）切勿在有高压线电塔、电线杆架设施处放。

（2）留意气候变化，如有台风、雷击现象，应马上停止施放并远离空旷处。

（3）放飞应选择适合且能配合风速之风筝，切勿轻视海滩上强大风速的力量。

（4）施放者应选择空旷处的海滩放飞，避免障碍物。

（5）特技风筝飞行速度快，切勿进行低飞或惊吓他人等危险飞行动作。

五、风筝制作

风筝的制作有些简单，有些也比较复杂，关键看对外形和质量的要求高低。下面介绍一款入门级的风筝制作方法供参考。

1. 材料

纸；细棍子；胶粘剂等。

2. 方法和步骤

（1）准备好做风筝的物品，把细棍子搭建成一个风筝的轮廓。注意：接口处用线绑牢；细棍上也可以包裹一层纸，以便之后的粘贴封面。

（2）为风筝贴封面。

（3）为风筝制作三条尾巴，视试飞情况决定是否添加。

（4）除了三角形，还可以制成菱形的，方法差不多，只是形状稍有变化。

（5）为风筝绑线和试飞，线最好用牢固一点的，飞高了好收回来。绑线的位置可能会影响风筝起飞，所以要注意调整。

第十节　赛泥马

我国海洋民俗体育运动具有悠久的历史，是海洋文化、民俗文化和体育文化的重要组成部分，也是中华民族灿烂文化的瑰宝。"赛泥马"是我国海洋民俗体育运动项目（图 4-11），"泥马"俗称"拣"（音 tiàn），是沿海和海岛渔民在滩涂上生产活动作业时快速行走的工具，又叫"弹涂船""海马""滑贴""赛泥马""踏槽""舟票""土板""泥艋"。

图 4-11　赛泥马

一、起源

泥马最早传说始于唐代，祝氏太婆制三四尺长、七八寸宽小船帮助同村渔民在海涂行进。

从此周边讨海人学制了泥马，祝氏娘娘也因其聪慧，而更加得到人们尊重。祝氏娘娘去世以后，讨海人十分怀念她，就在沙角山建造娘娘宫以示怀念。

早在 400 多年前的明嘉靖年间，民族英雄戚继光率兵追击倭寇至舟山朱家尖顺母渡滩涂边，倭寇趁海潮退尽，龟缩海边船上，凭借这一大片的泥涂，认为"戚家军"插翅也难以靠近。戚继光发现当地讨小海的滑贴，在泥涂上能滑行如飞，像陆地上骑马似的，来去自如，戚继光于是命人制作了大量这样的"滑贴"，招募了大批经常下海的健壮青年乡兵并教会"戚家军"士兵驾驭，最后把倭寇打得大败。

其实，泥马在很早时就有了，而且各有名称。据《史记·夏本纪》云："陆行乘车，水行乘舟，泥行乘橇，山行乘辇。"其所指的"泥行乘橇"便为泥马是也。唐《史记正义》载："橇形如舡（小船）而短小，两头微起，人屈一脚，泥上挺进，用拾泥上之物。"

日本人使用的滑板极似"泥马"，相传是秦朝的徐福东渡扶桑佐贺时带去的。在乐清当地将泥马称为"舟票"。南伟然著《乐清传统民俗》中有这样的记载：'舟票'是西土名，用于张篙时则称'篙船'，蒲岐、南塘一带叫'蓝乌船'，此舟票稍大，因其之快速，古称泥鳗，在唐代就已有之。"在浙江象山的海涂上，飞溜着一种叫"海马"的运输工具。在福建连江马鼻一带叫"土板"。镇海县叫"泥艋船"。除了国内浙江、福建一带沿海有用之，据悉韩国也有之，究其"泥马"起源无从考证。

二、泥马制作

"泥马"主要用木头、木板等材料加工制作的窄长的、其形体像小木船的在海涂上捕捉"弹涂鱼"的工具（图 4-12）。该船体长170~180厘米，头部、尾部狭(头部比尾部狭)，中部宽 30～50 厘米，船舷高 10 厘米左右(即船舱的深度)。船体的中部在船舷内设置"撑杵"，作为人在滑行时扶手操作的部件。船舱

图 4-12 泥马

内可装运"弹涂竹管"、小鱼箩等捕捉工具及其他物件。船舷的两边外沿还有一个特用的功能，是用海泥制作假鱼洞的称为"做窝子"，船底板制作最为讲究，它用一块厚木块制成有一定"椭圆度"和"跷势"，使之达到行驶轻巧、快捷的作用，能前进、倒退，还能横靠。

三、赛泥马

"赛泥马"到现在已经演变成为沿海和海岛百姓民间民俗海洋体育的一个比赛项目（图 4-13）赛泥马时滑行人单膝跪或单脚立在泥马船的后部船舱，两手抓住"撑杵"（扶把），用另一脚在泥涂中使尽向后蹬出，使泥马获得向前的动力，滑行中双脚可以交换使用。此竞技特点是一靠体力（主要是腿部力量），二要有技巧，主要是控制平衡性。

图 4-13　赛泥马比赛

赛泥马是以滑行最快，以"马首"最先撞线者为胜者。

四、赛泥马的功效

滑泥运动是现今世界上悄然兴起的一项时尚旅游项目。赛泥马是滑泥运动的一个项目，舟山群岛的泥涂是长江、钱塘江等淡水径流夹带下来的泥沙与有机物淤积而成的，含有大量的盐碱，使得这些涂泥具有很高的药疗价值。在泥涂上运动，既可以锻炼身体，又可以治疗疾病（尤其对皮肤病有特殊疗效）。

在现在，"泥马"也是公安武警战士的交通工具之一，在浙江沿海和海岛有大批的滩涂，滩涂上养殖着大量贝类、鱼类等经济作物，时常会发生偷盗现象，公安武警战士利用"泥马"在滩涂擒敌、海上救生等特色训练，提高部队应急处突能力。

赛泥马项目活动需要在泥质滩涂上进行，由于活动条件所限，赛泥马在陆地上的推广受到了限制，但是人们还是对赛泥马的器材进行了改进，在船底安装了轮子（图 4-14），使它能在陆地上滑行，解决了在陆地上运动的限制。

图 4-14　改进后的泥马

第十一节 沙滩排球

一、沙滩排球起源

沙滩排球,简称"沙排",是现在风靡全世界的一项体育运动(图4-15)。

20世纪20年代,沙滩排球起源于美国加利福尼亚的圣莫妮卡海滩;1927年开始传入欧洲;30年代,两人制沙滩排球赛出现;40年代,由官方组织的两人制比赛出现。50~60年代,沙滩排球成为了美国加州海滩上必不可少的娱乐活动;从70年代开始,商业因素介入了沙滩排球比赛,其观赏性也大大增加。1986年,第一次国际性沙滩排球比赛在巴西里约热内卢举行;1992年,国际排联(FIVB)成立了沙滩排球部;1996年,7月23日—28日在美国亚特兰大的海滨,举行了第一次奥运会沙滩排球比赛;1998年,国际排联经协商,设立了挑战赛、卫星赛和业余赛,作为国际巡回赛以外的重要赛事。

图4-15 沙滩排球比赛

20世纪初排球运动逐渐移到室外。由于它的运动量和参加人数非常灵活,引起了男女老幼的喜爱。如今,在世界各地的海滨、游乐场、沙滩体育场到处都能见到沙滩排球。

现有120多个国家和地区的排球协会开展了沙滩排球运动,全球大约有2000名职业球员。

二、国内发展

沙滩排球在我国开展较晚。20世纪80年代末至90年代初,《中国排球》杂志曾举办过几次民间的国内及国际沙滩排球邀请赛,有4人赛制也有2人赛制,可谓是中国沙滩排球的初级阶段。

自1993年国际奥委会正式确认沙滩排球为奥运会正式比赛项目后,中国排球协会从 1994 年开始举办正式的全国沙滩排球比赛，1997 年首次派队参加了世界沙滩排球锦标赛。自此中国沙排走向了世界。

三、沙滩排球基本规则

1. 场地设施

沙滩排球比赛场地包括比赛场区和无障碍区。比赛场区为 16 米×8 米的长方形。场地边线外和端线外的无障碍区至少宽 5 米，最多 6 米，比赛场地上空的无障碍空间至少高 12.5 米。比赛场地的地面是水平的沙滩，沙滩必须至少 40 厘米深，其中没有石块、壳类及其他可能造成运动员损伤的杂物。比赛场区上所有的界线宽为 5~8 厘米，界线与沙滩的颜色需有明显的区别，并且由抗拉力材料的带子构成。

沙滩排球比赛的球网设在场地中央中心线的垂直上空，高度为男子 2.43 米，女子 2.24 米。球网长 8.50 米，宽 1 米（±3 厘米），网眼直径 10 厘米。球网上有两条宽 5~8 厘米（与边线同宽）、长 1 米的彩色带子为标志带，分别系在球网的两端，垂直于边线。标志杆是有韧性的两根杆子，长 1.80 米，直径 10 毫米，由玻璃纤维或类似材料制成。两根标志杆分别设置在标志带的外沿、球网的两侧。

沙滩排球比赛所使用的球是由柔软和不吸水的材料制成外壳（皮革、人造皮革或类似材料），以适合室外条件，即使在下雨时也能进行比赛。球内装橡胶或类似材料制成的球胆，颜色是黄色、白色、橘色、粉红色等明亮的浅色。球的圆周为 66~68 厘米，重量为 260~280 克，气压为 0.175~0.225 千克／平方厘米。

2. 得分方式

（1）三局二胜制。在前 2 局中，由先得 21 分并领先 2 分的队赢得该局，比分无上限。若比分为 21∶20，则要至 22∶20 才获胜。

（2）决胜局（第 3 局）：先得 15 分并领先 2 分的队获胜。若 14∶14 平手时，再继续比赛，并至少领先 2 分（如，16∶14 或 17∶15 或 30∶28）为获胜，无最高分限制。

前 2 局，双方得分之和为 7 的倍数时，双方交换场地；第 3 局双方得分之和或 5 的倍数时。

挑边，在第1局或第3局（决胜局）赛前进行，胜者可选择发球或接发球或场地。

3. 基本规则与发展

2001年之前，沙滩排球的基本规则、场地大小、排球大小、得失分和交换发球权等方面与室内排球运动基本一样，但场内没有发球区和前后排的限制。一般采用三局二胜制，每局握有发球权一方才能得分，先得21分者赢得一局。如果双方打成20∶20平分时，净胜2分一方才能获胜。着装规则也没有硬性规定。

国际排联在明确正式沙滩排球比赛赛制之后，沙排的比赛规则得到细化与明确。

一个队由两名队员组成。每队的两名队员必须始终在场上，没有换人。当发球队员击球时，除发球队员外，双方队员必须在本场区内，可随意站立，没有固定的位置，没有位置错误或轮转错误，但有发球次序错误。一局比赛每队首次发球时，记录员启示发球次序，比赛中，启示员应展示发球队员1号或2号的号码牌，指明该队的发球次序。记录员发现发球次序错误，应在发球击球后立即通知裁判员。

每队最多可击球三次，拦网时球触手也计一次击球，第三次必须将球从球网上空击回至对方场区。

队员不得用手指吊球的动作来完成进攻性击球。

队员用上手传球完成进攻性击球时，传球轨迹不垂直于双肩连线，即犯规。

用上手传球防守重扣球时，允许球在手中有短暂的停滞。当双方队员网上同时触球时可以"持球"。

在不妨碍对方比赛的情况下，允许队员穿入对方空间、场区和无障碍区。

任何队员在本场区空间都可以对任何高度的球实行进攻性击球。

每局比赛中，每队最多可请求4次暂停，每次暂停时间为30秒，任一队员都可向裁判员提出暂停请求。

在任何方式的比赛中，当双方得分相同为5时，由记录员通知裁判员，随即双方交换场区。交换场区时可给球队最多30秒的休息时间。但三局两胜制的决胜局交换场区时，没有休息时间。

三局两胜制比赛时，所有局间休息时间均为5分钟。

队员在比赛过程中受伤,可给予 5 分钟的恢复时间,但一局比赛中最多给予同一名队员两次恢复时间。队员 5 分钟内没有恢复或一局内同一名队员超过两次恢复时间,则宣布该队为阵容不完整。

在 2001 年整个赛季中,国际排联将在沙滩排球比赛中试行每球得分制,同时还将把比赛场地从 9 米×18 米改为 8 米×16 米。

试行的每球得分制赛制为:三局两胜,每局 21 分,赢得对手 2 分或 2 分以上的队伍为胜队。比分没有上限;如出现 1 比 1 的局分,进行第三局比赛;第三局为 15 分,赢得对手 2 分或 2 分以上的队伍为该场比赛的胜队,比分没有上限;在前两局比赛中,当双方比分相加为 10 分时,交换比赛场地。第三局中,双方比分相加为 5 分时,交换比赛场地。每次交换场地时没有休息,不允许拖延时间。

每局比赛中,各队有 2 次暂停,每次暂停时间为 30 秒;局间休息时间为 1 分钟;每场比赛中,对运动队的判罚不累积计算,但每局比赛中累积计算。每局开始时,重新计算该局的判罚次数;每场比赛中,每名运动员只有一次受伤暂停;第一局比赛抽签的失利者,在第二局开始时有权先进行选择。如进行第三局比赛时,则重新抽签。

四、沙滩排球的技巧

1. 发球

发球位置,在球场两边端线延长线和底线之间的任一点,基本方式可分为低手球、高位球和跳发球。沙滩排球比赛可充分利用各种自然环境提供的条件,如风向、光线等。一般在顺风发球时,可采用"满掌击球"手法,发出不同性能的旋转球,使球的落点变化莫测。在逆风条件下,采用"掌跟击球"手法,使球飞行更加飘晃。另外,根据两人接发球难度大的情况,在发球技术运用上应注意发球路线、角度、距离上的变化。例如,发后场加大一传队员垫球后再进攻的助跑距离或发前场,使冲上网前垫球给一传不能及时后撤,或迫使对方二传技术差的队员组织进攻等。

2. 接球

接球一般用双手合握的方式,两手拇指伸直靠拢在上,一手四指合拢放于另一手虎口处,另一手四指合拢紧握,以拇指合并处的平坦部位接球。接球时身体前倾,两脚分开,眼睛紧盯来球,根据球路调整步伐,手臂要斜下伸直,将球击向预定位置。

在接发球时,当一传垫起后,必须立即转入助跑起跳扣球,一传队员也就是进攻扣球队员。即垫球动作结束的同时又是另一个动作的开始,动作之间的衔接要快。场上两名队员,既可能是接发球的队员,又可能是接应二传队员。所以一传垫球要有稍高的弧度为二传争取接应取位的时间。同时还有利于打两次球,增加进攻的突然性。另外,一传垫球不宜太靠近网,垫在距网两米左右为宜,这样能使接应二传的跑动距离缩短,有利于组织进攻。在防守垫球技术上应多样化。在远距离移动后来不及采用双手垫球时,可以采用单手、滚动倒地等动作,但倒地救球后的起立要快,能尽早进入下一次的击球状态。另外,垫球常常用来作二传,垫起较高弧度的球为同伴创造进攻机会是沙滩排球技术的合理应用。另外,单手挡球和救球时双手捧球也时常运用。

3. 传球

传球即用托举方式,将球准确传给同伴。传球时两手抬起,肘部稍高于肩部,拇指打开,触球刹那伸直手腕,以腕和肘的力量将球弹出。要注意的是,为了避免扭伤,接球时传球时以手指前两个指节面的部位触球,而不仅是指尖。

沙滩排球规定不允许使球轨迹不垂直于两肩而完成进攻性击球,因此过网球的处理球只能采用正面或背面对网。而调整二传与二传也最好采用面对球网的侧传或跳起侧传。当二传面对球网传球时,对方必须防备直接传球过网,故不敢大胆上前拦网。如果对方有一人到网前,则可通过传球过网到对方空当。如果对方两人都在后场准备防传球过网,则可侧传给同伴扣球,对方将无人拦网。如果一传来球较高,面对球网扣两次球或将球转移给同伴扣球。

4. 扣球

扣球是最主要的得分方法,要求是快、准、狠。扣球时要注意对时间的把握,当身体跃至最高点时,以手掌的下部触球,再以全手掌盖住球体,以全身力量将球往下扣击。

沙滩排球在扣球起跳技术与室内扣球有较大的区别。在起跳时不能像在地板地上那样跨大步降低重心制动,这样会使两脚插入沙里不利于用力起跳,所以,踏跳步不宜过大。助跑的距离也比室内排球远。据此，在沙滩排球中多采用三步以上的跑步助跑起跳方法。但有时也会采用原地或一步助跑的起跳方法。

调整扣球是沙滩排球扣球的主要方式，不单是扣调整二传后的球，还要能扣一传垫起来的球。沙滩排球的扣球不仅要有力，更重要的是准、巧。扣球手法的控制技巧，手腕的主动变化，特别是扣球路线变化，可以取得意想不到的效果。规则限制张开手指的吊球，但轻扣是合法允许的。采用拳头、掌根的手法吊球也不犯规。在处理各种网上球或球网附近的球时，可以扣侧旋球、搓球和抹球，应充分合理运用多种击球手法。

5. 拦网

沙滩排球拦网的判断主要是对对方扣球队员扣球时间的判断，掌握好正确的拦网起跳时间。沙滩排球中调整扣球多，开网扣球多，要在对方击球时或击球后再起跳拦网，不能过早起跳或同时起跳。另外，注意与同伴防守队员的相互配合，按事先的分工，各负其责，守好自己的区域。

五、注意事项

（1）由于在室外举行比赛，参加沙滩排球要做好防晒、防暑和补水工作。

（2）由于在松软的沙滩上进行比赛，体力消耗要比普通排球比赛更大，因此还要注意能量的补充。

（3）要预防伤害事故，如扭伤等。

第十二节　沙滩足球

沙滩足球是一项很有吸引力的休闲运动项目，也是足球运动的重要组成部分。尽管它的发展历史较短，但在全世界范围内已经迅速得到大家的认可而发展起来，目前参加的人数呈直线增长的趋势。其比赛过程基本上都是短兵相接，攻防转换快，战术运用相对简单，所以，看上去没有传统足球那样拖沓，场面更激烈，可以尽享休闲运动带来的无穷乐趣。沙滩足球还是传统足球的一个重要分支，主要在体质训练方面对传统足球可以起到辅助作用。除了强化肌肉和关节机能外,踢沙滩足球还可以提高运动员的供氧能力。

一、沙滩足球起源

巴西里约热内卢是沙滩足球的发源地,其后于 20 世纪 70 年代末相继在拉丁美洲和欧洲等地风靡,继而发展为国际性运动。第一场正规沙滩足球比赛在 1992 年举行。1993 年,世界沙滩足球协会(IBSA)成立,并制定统一的比赛规则。同年,世界沙滩足球协会开始举办规模不大的世界性沙滩足球比赛,但最初只有几个国家参加。1995 年,沙滩足球世界锦标赛的举行标志着沙滩足球正式成为体育比赛项目。1998 年,欧洲率先举行职业沙滩足球联赛。2005 年,国际足球联合会将其纳入其管理范围,并制定更完善的《沙滩足球规则》。同年,第一届国际足协沙滩足球世界杯举行。由于不少现役和退休球星的参与,现在沙滩足球已成为发展最快的职业竞技运动之一(图 4-16)。

图 4-16 沙滩足球比赛

二、沙滩足球比赛基本规则

1. 基本规则

(1)场地尺寸:长为 37 米,宽为 28 米(可根据实际情况调整为长 35~40 米、宽 25~30 米,其原则是长度大于宽度的长方形沙滩场地)。

(2)场地标记:两条较长的边界线称为边线,两条较短(有球门所在)的线称为球门线。四周均以标线(宽度不少于 5 厘米)标明。

(3)罚球区:平行于球门线 8 米交界于两侧边线的平行线为转罚球线(假设线,两端以场外标志标明),此罚球线与球门线之间的区域叫罚球区。

(4)球门:从球门柱和横梁的内沿计其宽度 5.5 米,高度 2.2 米。颜色为白色。

(5)罚球点:在罚球线的中点为罚球点。

(6)角旗:在场地的四个角上竖立,高度不低于 1.5 米的小旗。

（7）角球区：以角旗计半径为 0.5 米的区域内。

（8）中线：平行于球门线的，将球场分为相等的两个半场的横线（假设线，以场外标志标明）。

（9）中点：在中线的中央点为中点（假设）。

（10）用球：采用国家标准 5 号球（即国际比赛用球）。气压：0.6~0.8 个大气压力。

由裁判员决定比赛用球，未经裁判员允许不得换球。

（11）比赛队员人数：每队 5 人，其中必须有一名守门员。每队在场上比赛队员不得少于 3 人，否则比赛无效（比分记 3∶0）。

（12）替补队员人数：3 人。换人次数不限，被换出的队员可以重新换入参加比赛。被罚出场的队员不得替补，该队员也不能参加该场余下时间的比赛。

（13）换人程序：替补队员先通知裁判员，经裁判员同意，在比赛暂停时，在边线的中央处先出场后进场。

（14）罚则：如替补队员未经裁判员许可擅自进入比赛场，将受到警告并由对方在中点罚间接任意球。

（15）更换守门员：任何场上队员可与守门员更换位置，但要通知裁判员，并在比赛暂停时进行；同时，更换比赛服装。

（16）罚则：如果未通知裁判员比赛继续，其位置不被承认，有关队员在死球时将被警告。

队员赤脚参加比赛，不得穿鞋，但允许穿短袜"护踝"或包绷带。

队员须穿颜色相同的比赛服装（上衣和短裤）。上衣须有鲜明的号码标志。

队员不得使用或佩戴可能危及自己或他人的装备或其他物件（包括各种珠宝饰物）。

守门员的服装颜色必须有别于其他队员和裁判员。

每场比赛由主、副两名裁判员执法，都有相同的全部权利执行规则、指挥、管理比赛；当主、副裁判员判罚意见不同时，以主裁判判罚为准。

队伍（包括领队、教练、医生和运动员）进入赛场后，都在裁判员的管辖范围内，应绝对服从裁判员的指挥。

裁判员的判罚是最终决定。裁判员有权在比赛重新开始前改变自己原来确实不正确的决定。

每场比赛在场外设一名值场裁判员，其职责是协助裁判员在场外指挥管理比赛，如需要可替补裁判员上场执行任务。

每节中间休息2分钟。

在每节比赛中，因换人、受伤治疗和其他意外等损失的时间应被补回。

如果执行罚球点球或重新执行罚球点球，每节时间可延长至罚球点球结束。

通过掷币，猜中的队决定第一节比赛的进攻方向，另一个队开球开始比赛。第二节双方队伍交换场地，第三节同样用掷币选择的方式决定队伍的场地。

开球是比赛开始和重新开始的一种方式。开球队的对方队员应离开至少5米，直到比赛开始。

当球被踢并向前移动时即比赛开始。

开球不能直接射门得分。如此情况发生，将判为对方的球门球。

开球队员不能连踢，如有违反，将判为对方罚间接任意球。

在开球程序上的其他违例，则要重新开球。

坠球是在比赛进行中因规则未提到的原因而需要暂停比赛之后重新开始比赛的一种方法。其程序是裁判员在比赛暂停时球所在的地点坠球，当球触地比赛即为重新开始。在此程序上违例则重新坠球。

当球的整体在地面或空中全部越过球门线或边线时，和裁判员鸣哨停止比赛时，比赛成死球，其他任何情况均视为比赛进行中，直至比赛终结。

当球的整体在地面或空中从球门柱间及横梁下越过球门线，而此之前未违反规则，即为进球得分。

在比赛中进球数较多的队为胜者，双方进球数相等或均未进球，则比赛成"平局"。

在比赛过程中，队员可以选择场地内的任何位置。

沙滩足球队员何种犯规、如何判罚相同于国际足联制定的《足球竞赛规则》判罚。

2. 特别规定

（1）三牌制度：即黄牌、蓝牌、红牌。在一场比赛中，同一个队员第一次受警告裁判员示黄牌，第二次受警告裁判员示蓝牌，第三次受警告裁判员示红牌出场。

得蓝牌警告的队员即停止比赛2分钟离场坐在替补席上，罚停到时后，经裁判员许可，该队员可在边线的中间地方重新进场参加比赛。（可在死球或比赛进行中进场）被罚停 2 分钟的时间在一节比赛未完成，将延长至下一节比赛执行，除非三节比赛全部结束。

（2）5 秒发球要还球：在发任意球、点球、掷界外球、球门球、角球的时候，必须在 5 秒钟内将球发出，违者将视为超时违例被罚由对方在原地点罚间接任意球；如果是掷界外球、踢角球超时违例，则被罚由对方在原地点掷界外球。这一时间限制也包括守门员在比赛进行中用于持球不能超时 5 秒钟，违者也被罚由对方在原对方在原地点罚间接任意球。

（3）5 米距离要求：在发任意球、点球、掷界外球、球门球、角球的时候，对方队员必须退出 5 米以外的距离，违者将被视为不正当行为。被处予警告的处分，由发球队按原来状态重新发球（规则另有规定的除外）。

（4）取消球门区：如果在对方球门 5 米范围内踢间接任意球，其罚球点在同进攻方向退至离球门 5 米的地点上。

（5）踢球点球决胜：根据有关的竞赛规程的要求，当比赛打成平局后需要决出胜队时而采用的一种方法，其程序如下。

裁判员选定踢点球的球门——采用掷币方式猜中的一方先踢。

第一轮两队各 3 名队员轮踢一次，如果进球数相同，则双方一对一轮流踢，直至有胜负结果为止。在轮流踢的时候，未踢过的队员先踢。

如仍成平局，则进行第三轮，全部是双方一对一地轮流踢，如此类推，直至最后有胜负结果为止。

经裁判员许可场上任何队员可与守门员换位置。

踢球点球决胜过程中不能换人。除非是守门员确实受伤，经裁判员许可可以由场外替补队员换人替补。

第十三节　沙滩木球

一、沙滩木球起源

木球运动起源于我国的台湾省，创始人名叫翁明辉。目前，世界上已有 21 个国家和地区成立了木球协会，在东南亚一带尤其盛行。1999年，木球运动获得亚奥理事会于的正式承认；同年，亚洲木球总会、欧洲木球联盟及国际木球总会相继成立，标志了木球运动真正融入世界，揭开了新的世纪元。2001年，木球运动被中国国家体育总局社会体育指导中心定为正式推广运动项目，全面带动了我国木球运动的开展和普及。沙滩木球被正式列入第三届亚洲沙滩运动会的比赛项目。

二、沙滩木球介绍

沙滩木球作为一种新兴项目，在沙滩上进行比赛，因沙滩面平整，木球在沙滩上滚动会随时发生方向改变，因此，击球时对力度的把握很有技巧性。下面介绍一下沙滩木球的相关竞赛规则。

沙滩木球比赛（图4-17）近似高尔夫与门球。木球的球具包括球、球杆、球门，由原木制成，造价低廉。球杆的头部成T字形酒瓶形状；球门由两只木酒瓶中悬挂一只木酒杯构成。标准木球场地共设12球道，含有左曲道、右曲道各两个。在木球比赛中，每4人一组轮流挥杆击球，选手需完成12道的比赛，每一赛道终点有一球门，累计各赛道将球击进球门的杆数，杆数少者为优胜，规则酷似高尔夫球。木球一般选用硬度高、耐磨性好的红木加工而成，球体为圆形，直径为9.5厘米。由于沙滩木球对场地要求不是很高，击球姿势又与高尔夫相近，因此被称为"沙滩高尔夫"。

图4-17 沙滩木球比赛

标准木球场（比赛用）共设12个球道（或者12的倍数），每个球道的长度为30~130米，宽度为3~10米，12道总长度在700米以上。12个球道中，含有左曲道、右曲道各两个。休闲用场地则可视地形、面积，自由设置一个或数个球道来回击球比赛或游戏。

全套的木球器材包括：球杆、球门和球，全为原木（红木、紫檀等）制成（图4-18）。球的直径约（9.5±0.2）厘米，重量约（350±60）克；球杆有成T字状酒瓶样的杆头，套有橡皮帽，利于击球；球门由两只木酒瓶中间悬挂一只木酒杯构成，球门内缘宽16厘米，木酒杯底部距离地面7厘米。

(a) 木球球门、球与杆　　　　　　　(b) 木球球门、球杆、包

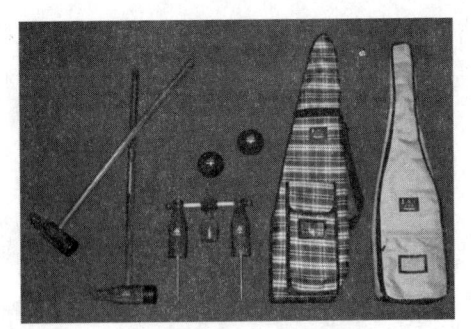

图 4-18　木球器材

三、基本技术

木球的基本技术是练习者通过球杆击打木球，使球沿着预定的路线向前滚动，并达到目标地点的技术动作，包括准备姿势、握杆、瞄准和引杆、击球 4 个部分，初学者的技术动作要领如下。

1. 握杆

左手在上，右手在下（均以右手习惯的人为例），四指并拢、拇指分开，自然握杆上端。要使右手小指侧紧贴左手拇、食指，握杆力争自然、协调。

2. 准备姿势

两脚开立同肩宽，两膝微屈脚站稳。重心稳定稍偏右，上体微前倾莫弯腰。人与球间成直角，球距左脚跟两瓶长。要求"左臂与杆成一线，全身放松是关键"。

3. 瞄准与引杆

杆头、球心与目标（球门中心的木酒杯），瞄准时三点成一线。"握好杆站好位，集中精力为挥杆"，要求"抗干扰求平静，精力集中不漂浮，瞄准预摆（引杆）不碰球"。

4. 挥杆击球

在准备姿势和瞄准的基础上："两臂握杆在体前，以肩为轴似钟摆，预摆挥杆不过肩。眼睛直视球中央，腰腿千万莫起伏。预摆结束下挥杆，保持肩臂轻松力，

原路挥杆走椭圆，重心平行向左移"。要求击球之前不转体，匀速、果断地把球击出，击球之后随之转体，目送木球，挺胸同时两臂举杆做随挥动作。

四、比赛规则

1. 规则

木球比赛应依大会竞赛规程和木球规则进行。每位球员必须赛完第一至第十二个(或规定)球道后，依比赛总杆数多寡判定胜负。球员如有未赛完一球道或中止比赛，均不予核计该球员比赛成绩。

2. 比赛制度

比赛方式分为：个人赛（个人为单位的比赛）和团队赛（以队为单位的比赛）。

比赛方法有杆数赛和球道赛之分。杆数赛：以12个球道击球总杆数低者为胜。球道赛：12个球道中获胜球道(杆数低者)多者为胜。

3. 比赛进行

（1）比赛开始。当裁判员宣布比赛开始，球员应依次编配或抽签顺序开始发球比赛。当裁判员宣布比赛开始后，参赛者如迟到5分钟或拒绝参赛，取消比赛资格。

当球员进入发球区发球时，其他球员应退至发球区后方，以策安全。

发球时应将球放置于发球区内，并向球门方向发球。

（2）比赛过程中。比赛球穿过球门金属棒，并位于球杯后方、球体不得接触球杯，即为完成一次比赛。

比赛中，球体落在界线外地面上，即为界外球。发生界外球时，应将球拾回放置在以出界点为中心、两个球瓶长度为半径的球道上。

比赛球如果掉落或进入土坑、泥洞、树丛、海里等障碍内，无法打击时，须移出置于障碍物入界点为中心，按界外球处理或无限向后延伸的球道上新球位，但须加计一杆。

比赛中，球员挥杆时其他球员应退至打击者的球道两侧或后方3米以上之安全距离。

球门前方或后方，球道上的球均可直接攻门。

比赛中，如因不可抗拒的天然事故，是否继续进行比赛，由大会宣布。

完成一球道比赛后，方能继续进行次一球道比赛，类推至全部球道赛完为止。

次一球道发球顺序，可依编配号码顺序轮流发球。

比赛中球员如需更换球具时，必须落赛完一球道后(如球具损坏时不受此限)，经裁判员检查合格后才可使用。

球员击球时，如在击中球之同时，球杆断裂仍视为完成一次中击球。不可要求重新打击。

比赛球被不同球道之球碰击，新停球点为其球位，如球被碰击出界，以界外球处理，但不罚计一杆。

球员身体任何一部分或球具不得触及自己或他人的比赛球。

攻门或击球时，手握球杆不得握触球瓶。

打击时，球杆不得由双腿胯下击球或攻门。

每一球道距离球门 5 米，如设有标示线，线外直接攻门而完成过门时，该球道杆数减一杆。

中或长球道中如设有 30 米超越线时，球员发球若未超越此线者加计一杆，若 30 米内出界时，再作界外球处理。如超越此线后球再出界时，以界外球处理。

（3）胜负结果。每位球员必须有每一球道的比赛杆数，以及赛完 12 个球道的总杆数记录，否则不予核算成绩。

（4）胜负判定有杆数赛、团体胜负判定和球道赛 3 种情况。

杆数赛：每位球员赛完每一场 12 个球道的总杆数判定胜负，以低杆者为胜。若总杆数相同者，以杆数低的球道多者为胜，依此类推；或由大会指定球道加赛至分出胜负为止。

团体胜负判定：以该团队最佳 4 人总杆数总和低者为胜。若总杆数相同时，以各该队个人总杆数低者为胜，依此类推。

球道赛：每一场球赛中获胜球道多者为胜；若相同时，由大会指定球道加赛至分出胜负为止。

（5）发球犯规及罚则。球员就位后，裁判员作出打击手势，球员应在 10 秒钟内完成击球动作，违者警告，再犯时罚计一杆。

发球时，球员应将球置于发球线上或发球区地面上，从静止状态下开始击球，违者罚计一杆，重新发球，计第二杆。

发球后，球未能离开发球区应计一杆，再重新发球，计第二杆。

（6）击球犯规及罚则。每次击球时，应从双脚站立双手握球杆置于球体后方的静态下开始挥杆打击。不可在行走中击球，违者罚加计一杆，并从新球位击下一杆。

出击球时，如因挥空杆或堆球前之预备挥杆练习(不得碰触球体)，均不予计杆，但不得因练习而拖延比赛，违者警告，再犯时罚计一杆。

轮到打击顺序时，球员不得有拖延行为，应在10秒钟内完成击球，违者警告，再犯时罚计一杆。

球员击球时，前方球道上禁止有人穿越、走动。如球员犯规，该犯规球员罚计一杆；其他球员不得喊叫或有不当言行而影响打击，违者罚计一杆；因挥杆而碰触球体或使球体移动，即算一次击球，计一杆。

击球时须以球杆头碰击球体，否则罚加计一杆，并从新球位击下一杆。

禁止以球杆做持球推送动作，违者罚加计一杆并从新球位击下一杆。

滚动中的球不可连击，违者罚加计一杆，并从新球位击下一杆。

（7）比赛时犯规及罚则。球道上的比赛球，依距球门远者先击球或经裁判员指示击球。不可任意击球，违者罚加计一杆，并从新球位击下一杆。

球道上的比赛球，因击球而球体落在球道界线外地面上时，以界外球论，每次界外球，均须罚加计一杆。

比赛时，球如需拾起，须经裁判员同意后执行，并在球体点放置记号。违者罚计一杆。

比赛球如碰撞到作为界线之障碍物再弹回在球道上的球不以出界论；如碰撞界线外之障碍物，即以出界论，并按界外球处理。

在各种弯曲式球道上比赛时，球位必须在球道上进行，不可截弯取直方式击球飞越界外区，违者以界外球论。

球道上之比赛球，因击球而碰撞时：被他人击中之球未出界则以新球位为准，如球过门，即算完成该球道比赛，如球出界以界外球处理，但不罚一杆。

如打击者之球因碰撞而出界，以界外球处理，罚加计一杆。

如打击者之球因碰撞后仍留在球道上，即以新静止点为准。

比赛进行中，球员如违反运动员精神，警告并要求违者改善，同时罚计一杆；再犯时，则取消比赛资格。

比赛球员身体任何一部分或其所持球具碰触自己或他人所打之比赛球时，罚计一杆，而球之停止点为新球位。

比赛球员未依规定挥杆打击或由双腿胯下击球，违者罚加计一杆，并从新球位击下一杆(过门不算)。

（8）球门区犯规及罚则。球门区内的比赛球，裁判员可视状况决定球员击球顺序，原则以距离球门近者先打，违者罚加计一杆，并从新球位击下一杆。若击球过门不算。

球员不可故意破坏球门，违者警告，并罚计一杆，再犯者取消比赛资格。

第十四节　沙滩篮球

沙滩篮球由美国的菲利普·布莱恩特发明。沙滩篮球是街头三人制篮球比赛的延伸，是亚洲篮球协会正在大力推广的新兴比赛项目。

沙滩篮球场地设施简单，只需在沙滩上规划一块 14 米 × 15 米的比赛区域；沙滩篮球并不是直接在沙上比赛，而是在铺设专用沙滩篮球塑料地板上进行比赛。

沙滩篮球的比赛将在国际篮球联合会（FIBA）规则的球场的一半球场进行。每队最多由 4 名队员（3 名场上队员和 1 名替补队员）和 1 名教练员组成。比赛由 3 节组成，每节 5 分钟。

在规定的比赛时间结束前出现首先获得 33 分或更多得分的队将判该队比赛胜。如果最后一节比赛结束时比分相等，比赛需要继续进行多个 2 分钟的决胜期，直至打破平局。每节比赛和每个决胜期前有 1 分钟的休息期间。如果进攻队获得篮板，可以继续投篮，无须将球回到 3 分线之后。如果防守队获得篮板，必须使球（传或运）回到 3 分线之后。球队必须在 14 秒之内尝试投篮（图 4-19）。

图 4-19　2012 年亚洲沙滩运动会沙滩篮球比赛（中国对阵印度）

篮球项目在中国群众基础较为深厚，第三届"亚沙会"（全称为"亚洲沙滩运动会")将此项目纳入正式比赛项目。

沙滩篮球在亚洲开展较好的国家有印度尼西亚、印度、日本、马来西亚、菲律宾、泰国、科威特等。

第十五节 沙滩卡巴迪

一、沙滩卡巴迪

卡巴迪运动起源于南亚地区，后来逐步传入东南亚地区，是一项具有地域特色的徒手运动项目。据介绍，这项运动据说已经有4000多年的历史。1990年，卡巴迪在北京亚运会上首次成为亚运会比赛项目，沙滩卡巴迪则是亚沙会3个必设项目之一。沙滩卡巴迪运动需要运动员有较好的敏捷性、相当大的肺活量、很好的身体协调性和快速反应能力。

二、比赛规则

沙滩卡巴迪男女比赛场地大小不同，其中成年男子赛场长11米（其余10米）、宽6米。两队各有6名队员比赛，4名队员上场。双方交替派一名队员到对方场地进攻，这名进攻队员既要接触对方，还要保证返回自己场地时没有被抓住（图4-20）。

图4-20　2012年亚洲沙滩运动会沙滩卡巴迪比赛情景

进攻运动员要连续高喊"卡巴迪-卡巴迪",接触或抓住对方队员以得分。

三、比赛技巧

比赛时,进攻队员手脚并用,想尽一切办法试图"触摸"到对方;而防守队员两人一组牵手防守,当进攻对手触碰防守队员后,他们就要把对手困在自己的场地内,一旦对手身体的任何部分触到中线,则防守失败,对方得分。所以在比赛中,防守队员常常一拥而上,把进攻者摁倒在地,甚至还会把进攻者即将触线的手脚给硬生生扳回来。整场比赛中,双方你来我往,进行力量与智慧的较量。同时,需要团队成员间充分的配合,默契程度越高,防守成功率越高,并且战略战术会得到更好的应用。

理论上讲,1名进攻队员每次最多可以得到4分,然而若进攻队员在进攻时未触及任何防守者,或触及之后被防守队员阻拦而未能成功返回本方场地时以及呼喊"卡巴迪"口号不连贯、不清晰的,则判防守方得1分。

简单的规则也让沙滩卡巴迪的争夺格外激烈,进攻队员在被防守队员按在地上后往往会奋力伸手去试图触碰中线,此时防守队员则会一拥而上,把进攻队员的胳膊或手掌向后扳扯,而抱摔、拽腿、用身体压制等动作更是沙滩卡巴迪比赛中司空见惯的。虽然与室内卡巴迪相比,沙滩卡巴迪由于竞赛场地是在柔软的沙滩上,运动员的摔、扑动作相对安全,但也并非完全能够避免伤病的发生。

第十六节 沙滩手球

一、沙滩手球源起

沙滩手球是在沙滩场地上进行的手球运动,1992年起源于意大利南部一个叫蓬扎的一个小岛上,詹尼·巴特莱利先生与佛朗哥·奇亚诺先生,共同构思"沙滩手球"的计划。沙滩手球的发展历史虽然只有20多年,但它发展迅猛,成为继沙滩排球、沙滩足球之后又一项广受欢迎的沙滩体育运动。

二、沙滩手球的发展

1. 沙滩手球在国外的发展

1992年举办第一届沙滩手球比赛举行。同年，沙滩手球协会成立，这是代表沙滩手球的第一个组织协会。1993年第一届正式的国际性沙滩手球比赛在罗马举行。

1994年5月，国际手球联合会(International Handball Federation，IHF)正式认可沙滩手球比赛规则；沙滩手球的国际规则于1994年9月在荷兰召开的IHF国际手球联合会会员国大会中制定通过。

第一届欧洲杯沙滩手球锦标赛于2000年7月由欧洲手球联盟（EHF）举办。2001年日本秋田世界运动会开幕，沙滩手球被列为邀请性运动项目。2002年第二届欧洲杯锦标赛在西班牙举行，沙滩手球参赛国家的球队人数已增加一倍。

2. 沙滩手球在中国的发展

我国从2000年开始陆续在山东威海、甘肃敦煌等地举办过不同形式的沙滩手球活动。2009年在广州举办全国第一届沙滩手球锦标赛，最终安徽队在决赛中击败新疆队获得冠军。2008年，中国组成国家队参加了在西班牙举办的第三届世界沙滩手球锦标赛取得第12名；同年，中国队参加在印度尼西亚举办的第一届亚洲沙滩运动会女子手球比赛获得冠军。

三、沙滩手球比赛规则简介

沙滩手球，是一种在沙地上玩的手球运动，每队上场人数4个人，包括一位守门员。比赛场地为长方形，长27米，宽12米，由两个球门区和一个比赛场区组成其比赛场地，除了赤脚在沙地上球以外，其余与传统传统手球规则相仿。比赛用球是橡胶制品，很容易用单手抓住，有利于持球员传球及打门；再加上场地至少铺着40厘米厚沙，避免运动员受伤，因此勇于做出一些高难度的动作，也使得球赛可看性提高

在赛前，先由主裁判主持两队掷币挑选比赛场地，胜队有权优先选择场区或

替补区的位置。场上比赛人员共 8 名，每队 4 人，打比赛者 3 人，守门员 1 人，在比赛中，运动员可穿无袖上衣或泳装参赛。图 4-21 为沙滩手球的比赛场地示意图。

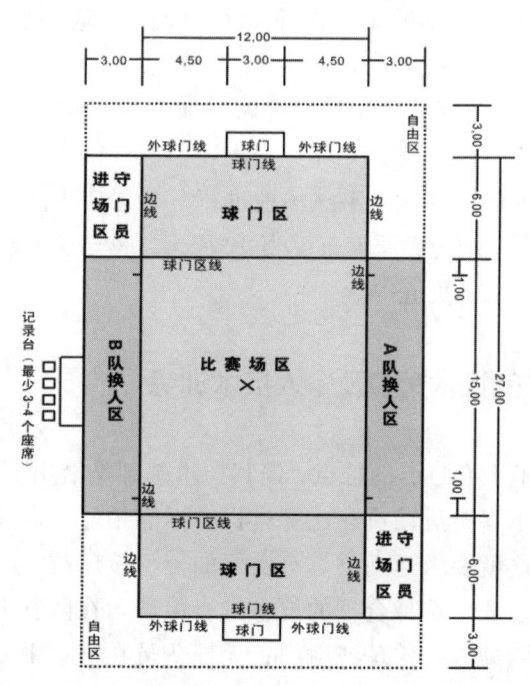

4-21 沙滩手球场地比赛场地图（单位：厘米）

另外，守门员可以随时成为场上队员，场上队员也可随时成为守门员，但比例须维持在 4∶8。替补人员也可自动换人。比赛分上半场、下半场，每半场 10 分钟，中间休息 5 分钟。如果半场比赛结束时比分相等，则通过"金球"（1 分决胜制，突然死亡法，先得分的队胜）决出胜负；"金球"比赛以争球重新开始。每场比赛结束后，成绩重新归零，开始下场比赛。

如果上下半场均为同一队获胜，则该队以 2∶0 获得整场比赛的胜利。如果上下半时两队分别获胜，则比赛为 1∶1 平局。因比赛必须决出胜负，此时需采用"1 对 1 决胜法"（一名队员对一名守门员）。

6 米球射门命中得 2 分。守门员射门命中得 2 分。

比赛服装：各队应准备至少 2 套不同颜色(明亮的浅色，如红、蓝、黄、绿、橙、白等)的标准沙滩手球比赛服装。运动员必须按沙滩手球规则规定着装参加比赛，否则不得参赛。

男子上装应配 12 厘米×10 厘米，女子上装应配 8 厘米×6 厘米的队员号码，必须分别印在男女比赛服上装的正面和背面。号码颜色必须同上装颜色明显区别。

领队、教练、队医等工作人员在替补席时须着装一致（如 T 恤），但颜色应区别于本队比赛服颜色。

比赛一律在标准的室外沙滩手球场地进行。沙层应由高质量、松散的沙粒压紧而成，尽可能水平、均匀，厚度至少为 40 厘米。沙子里不允许有任何可能会划伤队员的物体，如石头、贝壳等。

四、沙滩手球的技术特点及个人技术训练

沙滩手球在技术上有自己的特点，但其技术基础是沿用了 7 人制手球的技术。它的特殊环境决定了参赛运动员在比赛过程中不能拍球、运球，完全是依靠队员之间的传、接球，这就要求运动员具有良好的传、接球技术。运动员在接球的瞬间就要观察队友的位置，选择合理的技术进行传球。在队友出现进攻机会时要快速地作出反应，果断地进行传球或射门；无球队员在进攻中要积极地进行跑位，利用各种技术摆脱队员的防守，争取更有利的进攻机会。战术组合是由技术特点决定的，其得分手段有一分球与两分球的区别。沙滩手球相对于 7 人制手球更加丰富，这就为运动员的战术运用提供了更多的选择。

1. 沙滩手球的个人技术

沙滩手球的个人技术包括移动技术、传接球技术、射门技术、封挡技术和守门员技术。个人技术水平直接制约了运动员在比赛中的发挥，个人技能的高低对于完成各种技战术配合具有重要作用。随着沙滩手球运动的发展，攻防技术越来越一体化，对运动员的技术要求也越来越高。为适应沙滩手球运动发展的需要，必须全面掌握多种技术动作，做到技术动作多样化，能攻善守，机智灵活，这是取胜的必备条件。只有在全面发展的基础上练就自己的特长技术和绝招才能在激烈的比赛中运用自如，才能达到战胜对手的目的。

（1）移动技术。移动是改变人体位置、姿势、方向和速度的方法，是比赛中应用最多的一项技术，对沙滩手球运动员掌握与运用各种攻防技术都有密切的关系。比赛中合理地使用移动技术对于争取时间和空间的主动，占据有利的进攻和防守位置是非常重要的。移动技术可以分为进攻移动、防守移动、守门员移动；移动技术动作有走、跑、跳、跨、切、交叉、撤步、转体、急停等。不论什么技术动作都可分为准备姿势、启动、移动和制动4个阶段。这4个阶段应连贯运用。

（2）传接球技术。传接球是沙滩手球比赛中，队员有目的地转移球的方法，是一项运用较多的基础技术，直接影响其他技术的发挥。传接球技术的好坏是一支队伍水平高低的重要标志，是能否取得比赛胜利的重要条件之一。

①传球。进攻中的射门机会大都是按照一定的战术要求，通过合理、准确地传球而取得的。在战术中运用传球技术还可以达到声东击西，打乱对方防御部署，完成全队进攻的目的。在攻守激烈的对抗中，为了避免对手的抢断，要求做到传球快速、准确、隐蔽、多变。巧妙灵活地运用连续传球可以有效地攻破对手的防线。

在沙滩手球比赛中运用最多的是原地单手肩上传球。原地单手肩上传球无论是在近距离的传递配合还是在中远距离的快速转移，特别是远距离的长传快攻是运用最多的传球技术。下面就以原地单手（右手）肩上传球为例讲解其动作要领：右手五指自然开立，指根部以上触球将球钳住，掌心空出；传球时，两脚自然开立，右手直接将球引至右肩的侧后上方，随着引球，身体重心移至右脚，右脚稍屈曲，接着蹬地、转体、挥臂，利用手腕的抖动将球传出。在整套技术动作中要注意各个环节要一气呵成，动作要协调一致。

②接球。接球和传球是同等重要的一项基本技术，它和传球是相辅相成的，接球是下一动作的开始，只有接好球才能进行摆脱、传球和射门动作。沙滩手球因其球体积小，飞行速度快，接球更加困难，因此在接球时尽量使用双手接球，只有在球离身体较远或进行空中快板射门时使用单手接球。无论是双手还是单手接球都要求手呈半球形，接球时主动迎球，触球后缓冲引臂，衔接下一技术动作。

（3）封挡技术。封挡是指队员或守门员为了破坏对手的传球和射门而采用的一种防守方法。在我们的传统意识里认为封挡技术只是守门员的技术。其实封挡技术不仅是守门员所需掌握，场上队员也应该具有良好的封挡技术。在沙滩手球比赛中球的推进是利用队员相互间的传接球进行，在防守对方的传球时利用有效的封挡技术可以延缓对方的快攻或造成对方传球失误。封球是用手、臂进行阻截和改变射门的路线与方向的方法，是一项重要的防守技术。正确、及时地封球，能破坏对方射门的角度，减少威胁并为反击快攻创造机会。根据对手射门的位置、距离，出手高度分为正面封球【图 4-22（a）】和侧面封球【图 4-22（b）】两种，都可在原地、跑动中和跳起时进行。

(a) 正面封球　　　　　　　　　　(b) 侧面封球

图 4-22　沙滩手球封挡技术

（4）守门员技术。守门员是比赛中防守一方的最后一道屏障，同时也是快攻进攻的第一发起者。在沙滩手球比赛中守门员不但应该具有良好的防守技术，因其特殊的身份(守门员的分以两分计算)，也是进攻的重要参与者和得分手。他除了担任防守对方进攻的任务外还要参与本方的进攻，争取在对方的半场形成本方进攻上的人数优势，并且规则规定守门员的射门的分是以两分计算的，这也是要求守门员在进攻中发挥重要的作用。从某种意义上说，在技术方面要求更加全面。不仅需要具有良好的防守技术，还要具有良好的快攻意识及稳定的得分能力。

2. 沙滩手球的团队战术

（1）进攻战术

传切战术。传切是指队员相互之间通过传接球和无球队员之间的相互掩护，利用对方的防守漏洞，接球射门得分的一种技术手段。在传切战术中最主要的是队员之间的相互传球要准确迅速、无球队员的掩护跑动要积极，传球时机的把握要准确，尽量做到人到球到。

掩护战术。该战术是指利用自己身体的合理动作，阻截防守队员的移动路线，使同伴摆脱防守，达到进攻目的的配合方法。根据自己与被掩护者的身体位置和方向的不同，可采用前掩护和侧掩护。

交叉战术。交叉战术是指利用队员之间交叉跑动互换位置和传接球技术组成的简单配合。进攻队员利用在对方防线前交叉跑动、互相交换位置，借以打乱对方的防守部署，在防守交接上产生错误或压缩其防区，达到突破和射门的目的。

策应战术。该战术指以内线队员为枢纽，与外线队员的空切相配合而形成的一种里应外合的进攻方法。

（2）防守战术

3-0 防守。"3-0 防守"是沙滩手球比赛中使用最经常的防守站位，也是最基本的防守战术。当两队在实力接近、对方的传接球能力以及移动技术较好时可以采用"3-0 防守"。这种防守的好处是可以使防守队员较好的保持自己地防守位置，当遇到对手以多打少局面的时候及时进行补防，进而形成局部的防守优势；不足之处是对对手的进攻不能进行压迫式防守，对方可以通过无球队员的相互掩护和穿插来吸引防守，通过相互间快速转移球来调动防守队员的防守。在采用 3-0 防守时要求队员要具有良好的移动技术和补防意识。依靠三人的协同能力遏制对手的进攻。该防守战术站位如图 4-23 所示。

1-2 防守。"1-2 防守"是针对对方边锋突破和射门能力较强的特点而采用的防守阵型。具体站位为两个边锋突前防守，中锋拖后随时要求补位和防守。如图 4-24 所示。

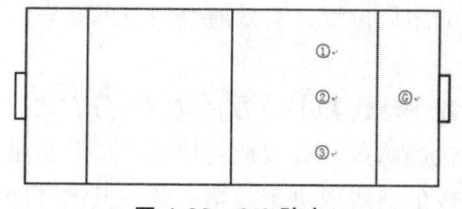

图 4-23 3-0 防守　　　　　　　　图 4-24 1-2 防守

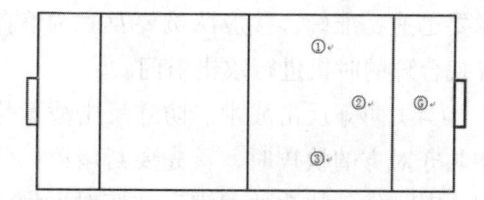

2-1 防守。"2-1 防守"是针对对方边锋突破能力一般、中路进攻能力较强的特点而采用的一种防守阵型。该战术可以有效地迫使对方中锋远离球门区，阻止对方从中路进攻的能力。其基本站位为两个边锋拖后防对方边锋突破，中间防守队员突前盯防对方中锋，阻截其接球阻止进攻的能力，使其尽可能地远离球门区，减少其射门的威胁性，如图 4-25 所示。

（3）快攻战术。快攻是防守反击常用的手段。快攻是由守转攻时，以最快的速度、最短的时间，果断而合理地进行攻击的一种快速进攻的进攻形式。它是手球比赛中主要的有效得分方式。

长传快攻。长传快攻时两名队员利用奔跑的速度和同伴的长传球来完成快攻配合（图4-26），其特点是指经过一次传球而完成最后的射门动作。该战术方法简单，速度快，成功率高。长传快攻主要是在守门员获得球或者防守断球时进行。例如：当对方射门时守门员成功防守，获得球权，此时边锋充分利用其速度的优势跑向对方半场，在奔跑的过程中随时准备接应守门员的传球，接球后进行射门。

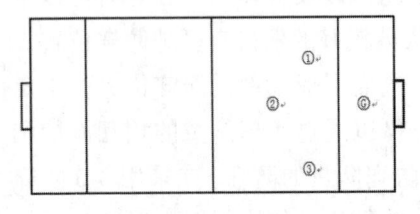

图4-25　2-1防守　　　　　　　　图4-26　长传快攻

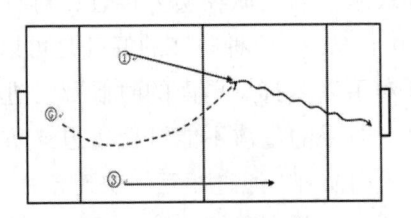

短传快攻。短传快攻是防守队获得球后，立即以快速的奔跑和短距离的传接球进行攻击的战术方法。由于反击队员站位分散，参加快攻的人多，跑位灵活，机动性强，防守队员很难进行有效的防守。短传快攻战术要求队员在获得球后及时寻找本队球员，通过有效地传接球和无球队员的积极跑动来推进和进攻，传接球要迅速、准确，接应队员要及时调整自己的跑位位置，有效避开对方的防守，寻找合理的时机进行攻击射门。

（4）防守反击战术。防守反击战术是沙滩手球比赛中最为有效的得分方式。在防守对方的快攻时，首先要封堵第一传的接应队员。有效地封堵第一传队员是制止对方发动快攻的关键，破坏对方发动快攻的路线取决于封堵一传。其次要防守快下队员。当对方发动快攻时，前锋应加强对快下队员的防守，全力盯防，积极堵截。若只是单纯回防是不能有效地组织对方快攻的，反而是积极的防守可以防止对手的快攻，甚至可能抢断到对方的快攻球。最后是加强球门区前的防守，提高以少防多的能力。在以少防多的情况下积极抢占有利的防守位置，侧重防守威胁较大的地区和区域。

（5）守门员战术。在沙滩手球比赛中，守门员是最为重要的一个环节，守门员是沙滩手球主要的得分手。在沙滩手球比赛中守门员射门得分为两分球,这是守门员的优势所在。在比赛中如果合理地利用守门员的优势,制订合理的战术配合能够有效地获得比分上的优势。

守门员进攻战术的原则是必须使守门员可能在对方防守不到位的情况下进行射门,这样可以提高射门得分的成功率。在战术安排上应尽可能地靠近本方换人区的一侧,这样的优点是在守门员射门后可以迅速进行守门员的换人,防止对方反击或直接射门。在守门员战术中可以选择前掩护或双掩护。

五、沙滩手球的得分方式分析

沙滩手球的得分方式相对于室内手球要更为丰富及更具特点。主要有360°旋转射门、空中快板球射门、守门员进攻射门、6米球(点球)得分和常规射门得分。

(1) 360°旋转射门得分。通过2008年第三届沙滩手球世界锦标赛射门的统计分析来看。在总共的2657次射门中,360°转身射门共1073次,占总射门次数的40%。在女子前四名队伍和后四名队伍的比较中,前者的360°旋转射门占总射门的50%,后者仅有26%,这也看出360°旋转射门是沙滩手球比赛中最主要的射门方式,其成功率的高低直接影响一支队伍的比赛成绩。

(2) 空中快板球射门。在分析男子比赛和女子比赛的统计数据发现,在空中快板球射门的成功率上,因性别差异而存在较大的不同,女子成功率仅为10%,男子则达到20%。其主要原因是男女运动员在身体素质的差异决定了成功率的高低。但是从空中快板球的成功率上来看,男子最高也仅仅达到20%,可见空中快板球在比赛中的成功率较低,不能作为一种重要的等分方式,只能作为一种补充的射门方式来运用。

(3) 守门员得分。守门员射门次数为593次,占总射门次数的22%,其射门次数仅仅少于360°旋转射门。从此项数据可以看出来守门员射门是沙滩手球比赛的另外一种得分方式。守门员射门成功率的高低也会直接影响一支队伍的比赛成绩。如果针对守门员的技术特点制订合理有效的战术配合,提高守门员的进攻效率,可以有效地解决得分问题。

(4) 6米(点球)球得分。6米球得分计1分,在总射门中6米球为222次,只占射门次数的8.36%,可见在沙滩手球比赛中6米球的得分是非常少的,它只是作为一种参考的射门来进行，其前提是在对方犯规，本方获得 6 米球罚球机会时才能获得。在 6 米球射门中要提高队员的射门成功率，有针对性地进行训练，提高破门得分的成功率。

（5）常规得分。常规得分是一般的射门得分，不包含 360° 旋转射门、空中快板球和守门员得分。常规射门如果有效则以一分计算。在技术统计中常规射门次数为 269 次，占总射门次数的 10.12%。常规射门一般不作为主要的得分方式，其主要运用在有战术性选择的时机，如比赛临近结束而本方大比分领先的情况下。

六、"一对一决胜"法

进行"一对一决胜"时，场区的选择和掷球的先后顺序通过裁判主持的掷币挑边决定。

如果掷币挑边的胜队选择先掷球，则另一队有权选择场区。相反，如果掷币挑边的胜队选择场区，则另一队先掷球。

"一对一决胜"开始时，守门员至少有一只脚站在各自的球门线上。场上队员必须在比赛场区内，且有一只脚要站在球门区线和边线的交界处（左右交界处均可）。在裁判员鸣哨后，场上队员将球传给站在球门线上的本方守门员。传球时，球不得触地；球一旦离开场上队员的手，双方守门员均可以向前移动。持球的守门员必须位于本方球门区内，在 3 秒内必须将球射向对方球门或将球传给跑向对方球门的队友。同样，传球时球不能触地。

场上队员必须接到球并在不违反规则的前提下尝试射门得分。

如果进攻方的守门员或场上队员违反规则，本次进攻结束。

离开球门区的防守方守门员随时可返回球门区。

如果某轮"一对一决胜"比赛中，某队队员降至少于 5 人，该队将相应减少进攻射门机会，因为所有队员均不得进行两次射门。

思 考 题

1. 简述滨海类海洋体育概念。

2. 简述进行涉海日光浴时的注意事项。
3. 简述海滩沙浴、沙滩跑步的注意事项。
4. 沙雕是如何进行堆沙作业?
5. "泥马"又称什么?最早出现在什么时候?
6. 简述"赛泥马"的功能。
7. 简述沙滩风筝比赛的类型和要求。
8. 简述沙滩摔跤与滩涂摔跤的区别。
9. 简述沙滩排球技术动作。
10. 沙滩运动时沙子迷眼应怎样处理?
11. 简述沙滩足球运动的特点。
12. 如何判定沙滩木球比赛的胜负?
13. 简述沙滩木球的比赛方法。
14. 如何判定沙滩篮球比赛的胜负?
15. 简述沙滩卡巴迪比赛的技巧。
16. 简述沙滩手球的个人技术。主要得分方式有哪几种?

第五章 海上类海洋体育项目

> **教学目的**
> 学习和掌握海上类海洋体育各项目运动起源、安全注意事项、运动技巧要点等内容。

海上类海洋体育项目是指发生在海面上、海底、海中的运动项目;海上类海洋体育项目源远流长,有些项目是先民走向海洋的、探索海洋的工具,如独木舟,它是先民的生产工具,随着时代的发展,演变或制造出了船只,更加方便人们在海上生产或海上交通,到如今人们更是制造出像独木舟的皮划艇,人们利用皮划艇进行竞技比赛,再如昔日人们利用水底功(潜水)生产,现在利用潜水在海底观光旅游;随着社会生活的进步、时代的发展,海上类海洋体育项目已经由生产工具演变成人们娱乐、休闲的用具。

第一节 独木舟(皮划艇)

一、起源

独木舟是人类祖先在原始社会就已广泛使用于渔猎和运输的水上劳动交通工具(图 5-1)。原始的独木舟在世界许多地方发现过,例如非洲的埃及、南亚的印度和西欧的荷兰。在我国新石器时代遗址浙江湖州钱山漾、浙江余姚河姆渡、福建连江、广东化州等都出土过独木舟或船桨的残骸,这些文物已有 5000~9000 年的历史。

第五章　海上类海洋体育项目

皮艇起源于格陵兰岛上的爱斯基摩人所制作的一种小船，这种船用鲸鱼皮、水獭皮包在骨头架子上，用两端有桨叶的桨划动。

划艇则起源于加拿大，因此又称加拿大划艇。实际上，这两种艇都是从独木舟演变而来的，因此东南亚的一些国家和地区，如日本、韩国、朝鲜以及我国的香港和澳门等地都把皮划艇称为独木舟。

现代的独木舟运动——皮划艇是1865年开始的，苏格兰人麦克格雷戈以独木舟为蓝图，仿制了一条名为"诺布·诺依"号的小船，长4.57米，宽0.76米，重30千克。麦克格雷戈在1865—1867年间划船周游了法国、德国、瑞典等欧洲国家，并出版了《诺布·诺依千里行》一书，从而积极推广了皮划艇运动。1867年他所创建的英国皇家皮划艇俱乐部，举办了第一次皮划艇比赛。

此后，皮划艇运动逐渐兴起，到19世纪末，皮划艇运动已成为欧美各国广泛开展的一项体育活动（图5-2）。但是，它比中国的"龙舟竞渡"晚了将近2000年。

图5-1　独木舟 　　　　　　图5-2　皮划艇

二、发展

在皮划艇运动的开展过程中，不少人为了提高船速，热衷于艇形的改造。19世纪末德国工程师赫曼根据自己的飞行经验，将皮艇制造成鱼形，提高了船速。以后，英国造艇家弗龙德发现船体越长阻力越小，速度也越快，因此造船者纷纷加长船体。1923年，丹麦、瑞典、奥地利等国家组成了一个工作委员会，规定艇的长度为5.2米，宽度为51厘米，一直沿用至今。

1956年又出现了凹形船体。到1960年，横向的凹形轮廓线达到了顶点。1964年，国际赛艇联合会又制定了"无凹面"的规则，使艇设计标准化。但是人们又设计了菱形皮划艇，1972年出现了玻璃钢艇。近年来，又出现了蜂窝结构的碳素纤维艇，而美国造船家为了提高船速，在皮艇外壳，制造了人工鲨鱼皮，其表面有一层平行的"里布勒特"沟纹，这些又细又密的沟纹，能使水平稳地流过，而不会形成旋涡。但是这种设计未被国际赛艇联合会通过并认可。尽管如此，其精神仍是可嘉的，因为皮划艇运动必须协调人的技术、运动器材和水的作用这三者的关系。随着皮划艇运动的广泛开展，各国相继成立了皮划艇俱乐部。

1924年1月，由丹麦、瑞典、法国和奥地利发起在丹麦首都哥本哈根成立了国际赛艇联合会（I.R.K.），拟定了代表大会的章程和第一个皮划艇竞赛规则，规定比赛的艇种有皮艇、划艇和风帆艇，比赛的距离为1500米和10000米，比赛的形式有普通比赛和接力比赛两种。

1924年在法国巴黎举行的第8届奥运会期间，在塞纳河上进行划艇表演赛，1936年在德国柏林举行的第11届奥运会，皮划艇开始被列为奥运会正式比赛项目。目前奥运会皮划艇比赛总共为12项。

三、中国皮划艇历史

早在2000多年前，中国就有了与皮划艇运动十分相似的"划龙舟"比赛。现代皮划艇运动是于20世纪30年代前后传入中国的。英国人首先在上海设立了"划船总会"，后来俄国人又在东北设立"水上俱乐部"，那时的皮划艇运动是专供外国人娱乐的。

1952年底，中国首次制造出自己的皮划艇。1954年在北京市水上运动会上，设立了男子1000米和女子500米皮艇比赛项目。"文革"期间，皮划艇运动被迫停止，直至1972年才得以恢复。1974年中国加入国际赛艇联合会。1975年皮划艇被列为全国运动会的正式项目，同年中国开始参加世界锦标赛。

四、皮划艇分类

皮划艇分皮艇和划艇两个项目。皮划艇赛事分两大类：速度赛和急流回转赛。速度赛在静水域进行，而急流回转赛在动水域进行。小项分男子12项和女子4项。

男子12项：静水项目，包括500米单人皮艇、500米双人皮艇、1000米单人皮艇、1000米双人皮艇、1000米四人皮艇、500米单人划艇、500米双人划艇、1000米单人划艇和1000米双人划艇；急流回转项目，包括单人皮艇、单人划艇、双人划艇。

女子 4 项：静水项目包括 500 米单人皮艇、500 米双人皮艇、500 米四人皮艇以及 200 米单人皮艇。

四个急流回转赛项目包括：男子单人皮艇急流回转赛、男子单人划艇急流回转赛、男子双人划艇急流回转赛和女子单人皮艇急流回转赛。选手在动水域要越过设有 25 个障碍门的水道。

获得包括罚时在内的积累时间最低的选手将成为获胜者。选手每接触障碍门一次，就要被罚时 2 秒。漏穿障碍门是最糟糕的犯规，每次漏穿要被罚时 50 秒。

五、静水项目赛制

比赛在静水中进行，各路选手必须严格在自己的赛道内行进。

比赛用船分两种：划艇和皮艇。两种比赛用船的主要区别在于选手划桨的位置和所用划桨的种类。

划艇为开放式船只，选手持单片划桨在屈膝的位置划水。每只划艇可乘一名或两名选手（C1 或 C2），划桨选手仅限男性。

皮艇为封闭式船只，选手坐在艇内划水，用脚操纵一个机械舵来控制船体。所用的划桨两头均有桨片。皮艇可乘一名、两名或四名选手（K1、K2 和 K4）。

六、皮划艇场地

1. 皮划艇静水项目场地设施

在奥运会比赛中，皮划艇静水比赛通常与赛艇比赛合用一个水上赛道，为满足赛艇比赛的需求，赛道必须满足以下最小测量范围的要求：长 1400 米（直线距离），宽 120 米，最小深度 2 米；航道旁边至少有一边直的河岸离第一条航道的最大距离为 50 米。

河岸是缓和的防浪斜坡，由大石块或其他特殊材料建成网状，使河水波浪翻滚但又不至溢出河堤。水面设置一条专用通道，让参赛者进入比赛区或训练区。皮划艇静水奥运会比赛距离为 1000 米和 500 米。比赛采用 9 条航道，每条航道宽 9 米；在布置比赛航道时必须根据规则规定的"A1-bano"系统布置。在奥运会上必须使用自动起航器和电子计时系统。

比赛场地的重要设施之一是终点塔。这是比赛的核心区域，一般为4层或5层的小楼，作为终点计时系统操作室、终点计时裁判室、仲裁室、竞赛委员会、终点录像室、广播室和媒体摄像室等使用。

另一个重要设施是艇库。艇库一般靠近上下水码头，与运动员活动区和其他比赛设施临近。比赛艇一般存放在架子上，艇库有开放式和封闭式两种。在举办比赛时也可把船停放在室外。

2. 皮划艇激流回旋项目场地设施

赛道长为250~400米。其测量标准是从起点线至终点线之间水道的中间最小值；赛道最小平均宽度8米，水流落差一般大于5米，水深大于0.6米。热身和放松水域一般在起点区域或终点区域。

赛道中有固定的和移动的障碍物。根据训练和比赛需要，可以将障碍物组合成多种不同形式。比赛时，赛道中布置18~25个水门。其中一部分是顺水流方向的顺水门，另一部分是逆水流方向的逆水门。其中至少6个，最多7个逆水门，比赛中运动员要不触碰门杆，顺利通过规定的顺水门和逆水门。

水门由两根悬垂的门杆组成。顺水门杆漆成绿白相间，逆水门杆漆成红白相间，最下面的一段均为白色。门宽指两门杆之间的距离，介于1.2~4米。门杆为圆形，长1.6~2米，直径3.5~5厘米，有足够的重量，刮风时不会有大的摆动。门杆下端距水面约20厘米高，不接触水面。

运动员在比赛时必须按门编号顺序通过水门。门号牌为30厘米长，30厘米宽，底色为黄或白色，两面用黑漆写上20厘米高的号码。

七、皮划艇器材

根据竞赛规则，参赛运动员有权使用自己的比赛用艇。

1. 皮划艇静水

现代皮艇和划艇的艇身大多为木制船架，用航空胶合板或玻璃钢做艇壳，外形呈流线型，表面光洁，又轻又窄，狭长如梭子一般。艇上除运动员的座舱敞开外，前后所有甲板完全封闭。

（1）静水皮艇。主要附件有脚蹬板、坐板、舵杆、舵绳、舵等。国际规则对皮艇的长度、窄度及最小重量均有限制。

运动员划桨时坐在船舱内，面向前方，两手握一支两头有桨叶的桨在船两侧轮流划水，并用脚拨动舵杆来操纵航向。划桨频率高达130~150桨/分，艇速可达5米/秒以上。

皮艇舵是皮艇上的附属装置。是一个控制皮艇方向的简单装置，包括舵叶、舵轮、舵绳、舵杆等。舵杆在运动员的脚蹬板上，运动员划桨时两脚撑在脚蹬板，需要皮艇转向时，就用脚拨动舵杆，舵杆围绕着一个固定的轴转动。当丁字形的舵杆转动时，牵动舵绳并带动连接在舵绳另一头的舵轮。

比赛规则规定：皮艇如果因为装舵而加长了艇体的长度，就要限制舵叶厚度。单人艇和双人艇的舵叶厚度不得超过10毫米，四人艇的舵叶厚度不得超过12毫米。

皮艇桨是运动员划动皮艇前进的工具。皮艇桨是桨杆两头都有桨叶的双叶桨。其主要结构特点是两片桨叶的方向成垂直或接近垂直的交角。根据桨叶偏转的方向不同，分左转桨和右转桨，运动员可根据其握桨习惯而选择左、右桨。由于规则对桨叶的大小和形状没有严格、统一的规定，近几十年，皮艇桨的发展变化极为迅速。

各种桨的重量、长度、形状、桨叶及桨叶面积大小，可根据运动员身高、技术风格、力量大小、性别及艇种进行选择。

（2）静水划艇。划艇运动员在艇上单腿成跪势，另一条腿成方步，两手上下握一支单叶桨。有左右桨之分，例如左桨运动员的右手在上握住丁字形的手柄，左手在下靠近桨叶处握住桨杆，右腿向前成方步，左膝跪在跪垫上。

划艇没有舵，运动员靠桨来维持平衡和控制方向。由于每划一桨后要提桨出水，然后到前面插桨划水，因此船速不如皮艇均匀，桨频可达70~80桨/分。

制造艇壳的原材料是航空胶合板或玻璃钢。划艇的长度、最低重量均有限制。

规则规定划艇制造时必须使船体纵轴的两侧对称，不能有舵及任何能指导航向的设施。

划艇可以完全敞开，如果有覆盖的甲板，则单人划艇封闭部分从船头量起不能超过150厘米，从船尾量起不能超过75厘米；双人划艇的敞开部分不少于295厘米；四人划艇的敞开部分不少于410厘米。单人划艇和双人艇可以完全敞开，最少敞开长度为280厘米；船的边缘（船舷上缘）可沿整个限定的敞开处延伸，最多在船上延伸 5 厘米。

艇最多可有三个加固条，每个加固条的最大宽度为 7 厘米。比赛时，艇上不可放置任何电子或电动设备。划艇桨是运动员划动划艇前进的工具。划艇桨是一头有桨叶的铲状桨。单人划艇、双人划艇、四人划艇桨的规格稍有区别。

划艇桨一般用木材或玻璃钢制成，近年来发展为用碳素纤维作材料。碳素纤维结构使桨杆更加坚固、耐用、轻便而易于维修。桨杆的横截面通常呈圆形，使桨叶有更好的方向性，有利于用力，也使桨杆有更大的抗弯能力。

划艇桨的桨叶与皮艇不同，桨叶沿中心线成对称状。不对称的桨叶会产生不平衡的表面，从而在动力作用下产生扭转力矩。划艇桨的叶面起着推进、操向和控制船平稳的多种功能。

2. 皮划艇激流回旋项目比赛器材

皮划艇激流回旋的器材共有三种型号，规格尺寸不同。单人皮艇至少长 3.5 米、宽 0.6 米；单人划艇至少长 3.5 米、宽 0.65 米；双人划艇至少长 4.1 米、宽 0.75 米。

艇的最轻重量（以艇处于干燥状态时重量为准）：单人皮艇 9 千克；单人划艇 10 千克；各种型号的双人划艇均为 15 千克。艇上的装饰是附件，不是艇的一部分。参赛艇的艇头和艇尾部分的最小半径，水平方向为 2 厘米，垂直方向为 1 厘米。艇上不允许装舵。

皮艇是带舱盖的艇，运动员坐在舱内用双叶桨划动；划艇不是带舱盖的艇，运动员跪在舱内用单叶桨划动。

八、皮划艇规则

皮划艇静水和激流回旋竞赛规则是由国际皮划艇联合会制定的，适用于国际赛艇联合会承认的国际比赛。

1. 皮划艇静水比赛规则

出发：应通过抽签方式决定参赛艇参加预赛的道次，依次排列。运动员应按时，以便作好起航的准备工作。

起航：应不受任何缺席者的影响。取齐员负责协调各艇在起点的位置，应使参赛艇的船头处于起航线上。发令员在认为可以发令时喊"10秒内将出发",之后在10秒内的适当时机发令,发令口令为"Go"或鸣发令枪。

比赛进行时,禁止非参赛的船艇进入整个或部分航道,甚至浮标外区域。在1000米以内的比赛中,参赛运动员必须在从起点至终点的本航道内划行。运动员应尽可能地保持在其航道的中心线上划行,两名运动员之间距离不得小于5米。

在比赛过程中,由于本身原因而翻船的舟艇,允许运动员不依靠他人帮助重新上船继续比赛,但不得越出本航道,并应在下一组比赛开始前划到终点才有效。

艇首到达终点线的时间为到达时间,艇中的运动员必须全部通过本航道的终点线才算有效。此时,终点裁判长应用音响设备发出到达信号。

比赛舟艇通过终点线,艇上应有航道牌,如因故航道牌失落,运动员应向终点裁判长说明情况并报告航道号码,等待航道裁判员的决定。

规则规定:在比赛期间,大会组委会要为参赛队提供每天的气象预报,包括每日气温、降水量、湿度、能见度、风况(风速和风向)。

2. 皮划艇激流回旋项目比赛规则

出发:一般情况下,运动员在出发区准备就绪,采取静止出发方式,由一名扶船员帮助出发。预赛出发顺序由国际赛艇联合会根据运动员的世界排名确定;半决赛的出发顺序根据预赛成绩确定;决赛的出发顺序根据半决赛成绩确定,成绩好的后出发。

通过水门、罚分与漏门等规定:运动员必须按照水门号码顺序和标出的正确方向通过各个水门。水门的设置由总裁判长、裁判长、技术组织者和赛道设计者确定。运动员的整个头部及艇身全部或部分通过水门杆之间连线,艇、桨及身体的任何部位不触及门杆并以指定方向通过水门时,视为正确通过,不罚分;如运动员艇、桨或身体在通过水门时触及门杆,视为碰杆,罚2分;如运动员没有通过指定水门或方向错误,视为漏门,罚50分。

比赛过程中桨折断或丢失时,运动员只能使用艇上的备用桨。当艇底向上,运动员(C2中任一运动员)脱离艇时可视为翻艇。

两轮比赛时间(以秒为单位)+罚分=成绩。我们以下例说明。

比赛时间:2′20″82=60+60+20.82=140.82秒

罚分：2+2+50=54

总　计：194.82 秒

运动员在比赛中脱离艇则被取消该轮比赛成绩。

第二节　海水泅渡

海水泅渡，是每个渔民都必须学会的本事，也是海上捕捞生产和危急中自救、互助的需要。一些渔船泊在港湾中，渔民要泅渡才能上下船，泅渡中一手要托着衣物等物品，而不被海水弄湿。

一、方式

海水泅渡主要采用蛙泳和侧泳的方式，以利于保持身体平衡，必要时可利用气袋、竹筒、木筏等漂浮物游进。

二、准备

海水泅渡前须严格整理服装与装备，应先把领扣解开，衣裤口袋翻过来，做到衣裤不兜水，脱下鞋子绑在腰上，以减轻泅渡的负担。在集体泅渡时，必须做好组织工作。每组人员按游泳技术好坏均匀搭配。

三、组织

在海面宽阔或在潮流急的海面上泅渡，都要安排好泅渡的顺序，特别要考虑借助工具浮力的可能性，选择可靠的泅渡工具，了解海水的流速，视察和确定到达的目标。泅渡人员的间隔不宜过近或过远，过近会妨碍个人动作，过远则难以互相照顾。游渡时一般采用蛙泳或侧泳，也可交替使用这两种姿势。在集体游渡时，对于不太会游泳或游泳水平较低的人，可以借助小木排，由别人推扶或用绳索拖带前进。

因此，海岛人从小受到训练，先在海滩上学"闷头游""狗爬式"，继而游向深海，直到泊在港湾里的渔船。在舟山群岛至今还流传着一种抱着空酒坛踏海游的姿势，雅称"太白醉酒游"；在舟山嵊泗岛现在还有一种游向海中采集海中的"浮子"，再游回海岸的游戏，俗称"海上采珠游"。

四、比赛

海水泅渡的比赛形式是从滩头游向船头，或从船头游向滩头，先到者为胜。是千百年来渔民祖辈相传的海上类原生态民俗体育娱乐活动项目之一。

第三节　摇舢板

舢板（舢舨）或称三舨（Sampan），指用人力、风力或摩托推进的无甲板小船，古称三板，是一种水上运输的交通工具，为平底的木船，多用于往来避风海港的交通运输、水上的士、垂钓、街渡、海上救生等。舢舨是不适合远洋航行，因为它无法适应大风大浪的环境，广东有俗语："舢舨不可冒充炮艇"。舢舨结构简单，吃水浅，容易操纵，早年的小舢舨长约 2 米用摇橹行驶。

一、源起

摇橹船是用橹来推进的船舶，它是一种江河中航行的早期船舶。

橹是在舵桨的基础上发展演变而来的。舵桨加长后操作方式从"划"演变为鱼尾式的"摇"，就产生了中国特有的"橹"。

二、方法

橹的操作方式极为合理，它利用杠杆原理，只要在橹的握手端施加不大的力、摇动很小的角度，再加上橹绳的借力，就能在橹的入水端产生很大的力并增大它的摆动幅度。要是改变橹的角度扳动，还能起到船舵的作用，使船转向。船工术语中的"扳艄""推艄",即是将橹侧过来"拉"和"推",使船右转、左转的意思。

摇橹船上的橹通常是装在船尾,用绳索吊在船尾称为橹头的支点上,船工摇橹时,橹来回拨动水,利用水的反作用力推进船舶。船的推力是在推橹时产生的,收橹时,橹展成水平,阻力很小。

三、比赛

摇舢板(图 5-3),又称摇橹,是非机械能时代渔民驾船遇到洋面无风时主要使用船具。以往行船,有风驶帆、无风摇船,谁摇得快,谁进港早,早出鱼获,早得利,这就有一定的刺激和娱乐性;不会摇橹当不成渔民,渔民在捕捞生产、航行和日常交通生活中,形成了以摇橹、划桨等为内容的原生态海洋民俗体育比赛娱乐习俗。参赛者一船、一男一女、一橹、一鼓,按一定的航道摇一定的距离,以船头先到者为胜。比赛时,每艘舢板都是一男一女搭档,女的在船头击鼓助威,男的在船尾拼命摇橹。如今非机械能时代的船具随着机械能的使用,不用说大的渔船,连舢板(小船)也安装了螺旋桨作为主要动能,摇橹已渐渐被淘汰。

图 5-3　摇舢板

四、发展

摇橹船使用方便,在旧时是沿海和海岛渔民曾经广泛应用,和近海海上交通运输工具,如今,还可以看见它的身影。在江南的一些旅游景点,摇橹船用来载运游客,让游客进行水上游览。

第四节　水底功

水底功,学名称为潜水,潜水活动有着悠久的历史。在我国潜水至今已有 2000 多年的历史。从古代的赤体"扎猛子",而在舟山群岛叫"水底功""攻淡菜""水乌龟",是沿海和海岛渔民生产技能之一,到今天使用各种器械的现代潜水,潜水运动、旅游、休闲等活动已在全世界范围内蓬勃发展了起来。

一、历史

神游海底是人们由来已久的愿望,早在 2800 年前,米索不达文化全盛时期,阿兹里亚帝国的军队用羊皮袋充气,由水中攻击敌军,这也许就是潜水的老祖宗了。距今 1700 年前的中国史书《魏志倭人传》中,就已经有了海边渔夫在海里潜水捕鱼的场面描写。到了 1720 年,一个英国人利用一只定做的木桶潜到水下 20 米深的地方成功地进行海底打捞。

18 世纪,英国的郭蒙贝西发明的从水上接帮浦运送空气的机械潜水,也就是头盔式潜水。这种潜水于 1854 年首次在日本出现。1924 年开始使用玻璃做潜水镜,并利用帮浦从水面上吸取空气的"面罩式潜水器"。这是气瓶潜水器材的前身。就在这一年,日本人使用面罩式潜水器潜入地中海底 70 米,成功地捞起沉船"八阪"号内的金块,震惊了全世界。在第二次世界大战期间,开发了一种特殊军事用的"空气罩潜水器",采用的是密闭循环式,并有空气瓶的装置。第二次世界大战末期,法国开发了开放式"空气潜水器";1945 年前后这种潜水器在欧美非常流行。近几年来由于潜水器材的进步,带动潜水运动蓬勃发展,投身于潜水和喜欢潜水运动的人也越来越多。

二、作用

潜水的好处不仅在于能够感知水中的奇异世界,给人的精神带来的巨大享受,而且更重要的是能够提高并改善人体的心肺功能,在美国及日本,潜水运动甚至被作为治疗癌症的辅助手段。

三、分类

潜水活动从性质上分为专业潜水和休闲潜水。

专业潜水主要是指水下工程、水下救捞、水下探险等方面需要有经验的专业潜水人员进行的潜水活动。而休闲潜水是指以水下观光和休闲娱乐为目的的潜水活动，其中又分为浮潜和气瓶潜水。即使用气瓶和水下呼吸器进行潜水。我们平常能接触到的潜水观光就属于休闲潜水，而在海滨旅游景区所看到的绝大多数是休闲潜水中的潜水体验。

1. 浮潜

一般来说，只浮在水面不潜入水中的活动称为"浮游"，而以憋住呼吸期间潜入水中的潜水活动称为"屏气潜水"。浮潜是比较简单的，只需利用面镜、呼吸管和脚蹼就可以漂浮在水面，然后通过面镜观看水下景观。在国内外只要通过简单的培训，而不必一定需要取得浮潜证书，即可进行浮潜活动。

建议用潜水面镜、呼吸管、蛙鞋、手套、袜即可。

所谓"给气潜水"，为潜水者在潜水期间能得到气体的供应，基本也可分为两大类，一为"自给气潜水"；另一为"供气潜水"。

潜水者自己携带在水中活动期间使用的气体潜入水中一般称为"自给气潜水"的活动。供气潜水，是潜水者在水下活动期间，依靠一条送气管从水面将空气输送给潜者使用，也称作"水面供气潜水"，近几年来世界各个有名的度假海岸区域，都有这种水面供气潜水活动供游客体验水中世界。

2. 气瓶潜水

气瓶潜水又称深潜，为了能较长时间地在水下连续潜水，人们要携带填充了压缩空气的气瓶潜入水里，这种方式就是气瓶潜水。

此时，潜水者吸的是气瓶内的空气。常有人误以为潜水者携带的这种气瓶为氧气瓶，其实这种认识不对。全套气瓶潜水装备包括面镜、呼吸管、脚蹼、呼吸器、潜水仪表、气瓶、浮力调整背心和潜水服等，潜水员在开放水域潜水时，还会携带潜水刀、水下手电乃至鱼枪等必要的辅助装备。

浮潜和气瓶潜水的差别：浮潜是在潜水者能屏息的时间里潜泳；直到无法再憋气时浮出水面的方法。气瓶潜水是指潜水者背负氧气筒，借助筒内氧气呼吸，长时间潜水的方法。

四、自由潜水

自由潜水就是不携带气瓶而尽可能深地潜入海中。攀岩、蹦极等极限运动都不如自由潜水富有挑战性和刺激性。

五、技术要领

下海潜水的必要学习包括呼吸管和调节器的使用方法、水面休息方法、紧急情况处理等。入水前的准备工作非常重要。潜水者要亲自检查装备功能是否正常，同伴间再相互检查一遍。

六、舟山"水底功"

水底功在舟山群岛，又俗称"攻淡菜"，此技能的形成与海岛渔民特定的生产方式和生活环境相关联。在嵊泗和东极的海岛上，有些贻贝生长在海下 3~4 米深的礁石底部，渔民必须闭气，不借助任何潜水工具，潜入礁石底部采获淡菜（贻贝的俗称），俗称"水底功""攻淡菜"，属于自由潜水（图5-4）。在舟山的民间，人们还经常组织"水底功"的比赛，比赛时听号令下海潜入海底，闭住气，以最迟露出海面为胜者（图5-5）。

图 5-4 水底功入海

图 5-5 水底功收获

七、潜水禁忌

患感冒、神经过敏病、有耳鼻疾病、心脏病、高（低）血压者以及糖尿病病人严禁参加；醉酒后也不适合进行"攻淡菜"。

第五节　海上跳水

跳水是一项优美的水上运动，它是从高处用各种姿势跃入水中，或是从跳水器械上起跳，在空中完成一定动作姿势，并以特定动作入水的运动。

一、比赛

海上跳水，以船甲板为跳台，有高台和低台之分，所谓低台，则是从船甲板跳下（图 5-6），高台则是从船后梢角或船前角顶，甚至从高于甲板的船鳌壳上跳下。跳水比赛多在同一条船上进行，以跳得高、姿势美、入海腹不击水、水花不高为胜，以大家推举的渔老大为仲裁。

海边悬崖跳水是跳水运动的一种，具有较强的刺激性，运动员从海边的悬崖上做各种姿势的跳水动作，然后跳入水中。最早源于海边渔民业余的娱乐活动（图 5-7）。通行的比赛规则要求，男子起跳高度为 23~28 米，女子起跳高度为 18~23 米。

图 5-7　悬崖跳水　　　　图 5-6　海上跳水

海边悬崖跳水在美国的加利福尼亚和夏威夷也得到开展。在夏威夷欧胡岛举行的比赛中，运动员可单独跳，也可男女结对跳，计算两人的总成绩。

如果男女两人同时跳水，还要计算协调动作分，最高分值为 3 分。运动员可在同一地点起跳，也可站在两个地点同时起跳。由于跳入的水域属自然地形，水流湍急，运动员在做完动作后，多采用脚先入水的姿势，以确保安全。

二、注意事项

（1）海边跳水要注意落水区域的水下环境，如深浅度、水底环境。
（2）跳水者在参加比赛时应身体健康。
（3）海边的天气情况、风浪等外界因素。
（4）是否有安全设施和警告性标志。

第六节　帆板帆船运动

帆板比赛方式与帆船运动相似。帆板是介于帆船和冲浪之间的新兴水上运动项目。帆板由带有稳向板的板体、有万向节的桅杆、帆和帆杆组成。运动员站在板上，利用自然风力，通过帆杆操纵帆使帆板产生运动速度在水面上行驶，靠改变帆的受风中心和板体的重心位置转向。

帆船是借助风帆力量，驾驭无舵、无坐舱船只滑行前进的一项水上运动。帆船比赛是运动员驾驶帆船在规定的场地内依靠自然风力作用于船帆上比赛速度的一项运动。

一、帆板帆船运动的起源

帆船运动起源于荷兰。荷兰地势很低，所以开凿了很多运河，人们普遍使用小帆船运输或捕鱼。这种小船由独木或用木排、竹排编制而成，是世界上最早的帆船。

帆板起源于 20 世纪 60 年代末世界冲浪胜地夏威夷群岛。1967 年，美国加利福尼亚马里纳德海港出现一种加长冲浪板，上面装有能转动的桅杆，受到青少年青睐，后逐渐流行起来，在欧美国家广泛开展。首届世界帆板锦标赛于 1974 年举行。

二、帆板帆船运动的发展

1906 年，英国的史密斯和西斯克·史坦尔专程去欧美各国与帆船领导人商谈国际帆船的比赛等级和规则，并提议创立国际帆船竞赛联合会。1907 年，世界第一个国际帆船组织——国际帆船联合会正式成立，现有 122 个会员，管辖 81 个帆船级别。

1896 年，第一届现代奥林匹克运动会就把帆船列为正式竞赛项目，但当时由于天气恶劣，比赛未能举行。1900 年第二届奥运会在法国巴黎举行，帆船共进行了 7 个级别的比赛。除在美国圣路易斯举行的第三届奥运会没有帆船比赛，其余的奥运会都设有帆船比赛。

1981 年帆板作为帆船的一个级别子项目被接纳为奥运会大家庭的一员，1984 年洛杉矶奥运会第一次把帆板列为正式比赛项目。1992 年第 25 届奥运会列入男、女帆板两个项目。

2016 年里约奥运会帆船帆板比赛主要分 10 个级别，包括男女单人艇、男女双人艇以及混合双人艇。

三、帆船应急处理措施

帆船倾覆的原因主要有以下几项。

（1）突发性的强阵风或突然的风向改变造成帆受力过大，运动员一时不知所措，未能及时、有效地操纵帆船。

（2）顺风换舷操作不当造成帆船失去平衡，因帆船倾斜和旋转角度过大导致船体倾覆。

（3）舵柄或压舷带断裂，导致帆船失控。

（4）推或拉舵的速度过快，或猛然地收、放主帆，导致船体快速转向或倾斜角度改变，引起翻船。

大多数稳向板型帆船是自我营救型的，这样可以使运动员迅速地把船扶正，并且继续航行。自救型的帆船本来就具有浮力，可以防止船体倾覆下沉，并使船体在倾覆后比较容易扶正。一定要在下水航行前检查好防水塞是否塞住和空气囊是否固定好。

四、帆板运动的规则

帆船帆板竞赛共进行 11 轮（49 人级 16 轮），前 10 轮（49 人级前 15 轮）选其中最好的 9 轮（49 人级 14 轮）成绩来计算每条帆船的名次。每一轮名次的得分为：第一名得 1 分，第二名得 2 分，第三名得 3 分，依此类推。前 10 名的船进入决赛。每条帆船在每一轮比赛中的名次得分相加，就是该船的总成绩。总成绩得分越少者名次越靠前。由于帆船竞赛在自然条件下进行，直接受到气象水文条件的影响，所以规定的竞赛轮次可能完不成。因此，帆船比赛没有绝对的纪录，只有最好成绩。

赛船的船体、装备或运动员身体的任何部分，在按照规定的比赛航程上绕过了所有规定的标志并触及终点线时，该船即为结束比赛。

五、帆船帆板级别简介

1. 女子单人艇——激光雷迪尔级

激光雷迪尔级适用于青少年或者女子运动员开展训练与竞赛活动。除了桅杆略短和帆略小之外，其他方面同激光标准级完全一样，可以视为向激光过渡的一个级别。

主要数据为：艇长 4.23 米，宽 1.42 米，帆面积 5.76 平方米，船重 59 千克。

2. 男子单人艇——芬兰人级

稳向板型，艇长 4.5 米、宽 1.51 米、帆面积 10 平方米、船重 145 千克。

芬兰人级首次进入奥运会是在 1952 年的赫尔辛基奥运会上。它是在 1949 年芬兰国家帆船协会为筹备即将在本国举行的奥运会而发动的一次帆船设计大赛中产生出来的船型，要求选手的体重大一些。

3. 男子公开级——激光级

稳向板型，长 4.23 米、宽 1.42 米、帆面积 7.06 平方米、船重 59 千克。

该船是由加拿大人布鲁斯荷比设计，于 20 世纪 60 年代发展起来的项目。首次进入奥运会是在 1992 年的巴塞罗那奥运会上。目前已经在 100 多个国家和地区开展。最初是作为娱乐型船设计的，多在人们周末的休假中使用，后来迅速成为世界上最具竞争性的运动帆船。

4. 男子双人艇、女子双人艇——470 级

稳向板型，有球形帆，长 4.7 米、宽 1.68 米、帆面积 12.6 平方米，球形帆 14 平方米，船重 115 千克。该项目于 1976 年的蒙特利尔奥运会上首次成为比赛项目，1988 年的汉城奥运会首次引入女子 470 级的比赛。470 级在世界上开展较普遍，船的操控性能很好。

5. 女子龙骨船——鹰铃级

三人操纵，龙骨型帆船，长 6.35 米、宽 1.73 米、帆面积 14 平方米、船重 200~230 千克。

该船适合于女子或青少年开展活动；该级别在北欧地区较为普及。2004 年雅典奥运会被列入比赛项目。

6. 男子龙骨船——星级

二人操纵，龙骨型，长 6.92 米、宽 1.73 米、帆面积 26.9 平方米、船重 662 千克。

星级是资格最老的奥运会项目。1932 年被列入美国洛杉矶奥运会比赛项目。该船的特点是有一个较小的船舱，帆较高，桅杆长。该船较大的帆面积和调整的难度需要选手具有高超的技术经验和较大的体重。

7. 女子帆板——米斯特拉级

单人操纵的统一设计型帆板，长 3.72 米、宽 0.62 米、帆面积 7.4 平方米、板体重 16.5 千克。该级别诞生于 1978 年。1996 年亚特兰大奥运会被首次列入奥运会比赛项目。

8. 多体公开级——托纳多级

双人操纵，双体船，是直线速度最快的奥运会帆船，长 6.10 米、宽 3.05 米、帆面积 21.8 平方米、船重 140 千克。1976 年首次进入蒙特利尔奥运会。驾驶双体船与单体船的要求不同。顺风行驶时操纵好坏带来的速度差异很大，在浪中航行较困难。

9. 双人公开级——49 人级

双人操纵的新生代高速帆艇，长 4.99 米、船宽 1.7 米、含侧支架宽 2.99 米、帆面积 59.2 平方米（含球形帆）、船重 125 千克。2000 年进入悉尼奥运会。49 人级是在澳洲 18 英尺级帆船的基础上开发的项目。最高航速可达 25 节（46 千米/小时）。该船具有超大的帆面积，操纵起来有较大的难度。船体两舷各有一个伸出来的侧支架，以便乘员获得更大的压舷力距。

第八节 滑水运动

滑水运动是人们借助动力的牵引，在水面上"行走"的水上运动。滑水运动在相对静水的湖泊、河流里运动为多，而在海里的港湾、浅海、滨海里运动较少，滑水者通常要穿着"水鞋"，即水橇在海面上完成各种动作。滑水运动既可以使人感受高速滑行带来的刺激，又能使人体会翻、转、跳、跃带来的"玩"快乐，让人充分享受夏日蓝天碧水的温情以及海洋体育运动带给人的无穷乐趣。

一、起源

滑水运动最早起源于 20 世纪初的美国，并迅速在欧美等发达国家普及开来。40 年代，成立了滑水运动的国际组织——国际滑水联盟，并开始举办国际性滑水比赛。1988 年，国际滑水联盟正式更名为国际滑水联合会。滑水运动是国际奥林匹克运动委员会正式承认的运动项目。

二、滑水赛事

目前，世界性重大滑水赛事有世界滑水锦标赛（单数年举行）、世界杯滑水赛（双数年举行），另外还定期举行单项世界锦标赛（如赤脚滑世界锦标赛、尾波世界锦标赛等）。

在亚太地区举行的重要滑水比赛有亚澳区滑水锦标赛、亚洲滑水锦标赛。

三、分类

1. 尾波滑水

尾波板是近年刚刚兴起并迅速发展普及的一个滑水单项。尾波板的外形酷似滑雪的单板，是一个长约130厘米左右、宽约60厘米左右的板体，板体下部两端设有尾鳍，板体上表靠近中部设有固定的脚套（图5-8）。

尾波板的独特外形给滑水者提供了更多、更广泛的展示技巧的可能，使得滑水者的加速度更快，并在越过滑水牵引艇产生的尾浪（专业称尾流）斜坡后取得更高的高度，给予滑水者更大的空间和时间完成难度更大的翻转、跳跃、旋等一系列动作。尾波项目因此也成为滑水运动中最具有观赏性的项目，人们可以同时领略高台滑雪、自由体操、跳水等一系列运动项目在水面上的精彩瞬间。另外，由于板体在水中的面积较大、稳定性较高，比较适合初学者学习新动作，尾波板因此也成为滑水运动中发展最快并具有巨大发展潜力的项目，深受广大爱好者特别是青少年的喜爱。

图5-8 尾波滑水

为了进一步推广普及尾波板滑水，国际滑水联合会于2001年正式举行了首届世界尾波板单项锦标赛。尾波滑水也成为极限运动会及其他一些综合性运动会的正式比赛项目。

2. 传统三项

传统三项指的是滑水传统比赛的三个项目，即花样、回旋、跳跃。

三项滑水一直是国际性滑水比赛的正式比赛项目。迄今为止，世界滑水锦标赛及世界杯滑水赛等重大比赛也只是将传统三项作为正式比赛项目。它们被称为专业性或职业性滑水的代表项目。

（1）花样滑水。滑水者所使用的水橇是一块长约100厘米、宽约30厘米两端呈弧形的单板，没有尾鳍，板体表面设有脚套。

花样滑水者在动力牵引下，特别是在拖船的牵引下，可以利用拖船的尾浪做出翻转、腾越等许多动作。在比赛中，运动员根据国际滑水联合会竞赛规则中规定的动作（注：每个动作都有固定的分值）编出两套完整的动作编排，并分别在两个20秒中的滑程内完成这两套动作，裁判员根据运动员完成动作的难度和完成质量给出评分，得分高者为优胜者。

花样滑水对于滑水者素质要求较高，滑水者要进行长期艰苦的专业训练才能达到较高水平。

（2）回旋滑水。滑水者所使用的水橇是一块长约160厘米、宽约15厘米，一端（顶部）翘起呈弧形的单板，有尾鳍，板体上表面设有脚套。

滑水者在滑行过程中，可以随着动力的牵引左右穿插，类似于滑雪中的回转，故此得名。水平高的滑水者在滑行中可以使板底激起一排排水墙，非常壮观。在比赛中，运动员要依次绕过水面上按规律排列的左右各3个共6个浮标，每成功通过一次专业称为完成一个滑程；以运动员完成滑程的难度和完成浮标的数量决定运动员的成绩。

回旋滑是比较容易在大众中普及的滑水项目，在尾波板出现以前，回旋项目一直是介于大众与专业滑水者之间的一个项目。一般的滑水者经过短期的训练即可享受在水中奔驰的乐趣。

（3）跳跃滑水。滑水者所使用的水橇是两块长约200厘米、宽约25厘米，一端（顶部）翘起的板体，每块有尾鳍，板体上表面设有脚套。

滑水者在滑行过程中，要通过加速越过一个斜坡型的跳台，在空中"飞行"一段后落在水面上，类似于高台跳雪。在比赛中，滑水者要平稳地落在水面上并保持一定距离的滑行姿态，才被确定为一次成功的跳跃，以运动员的着水点到跳台斜坡顶端垂直面的距离为运动员的成绩，距离远者为优胜者。

跳台滑水是滑水运动中危险性和刺激性最大的项目，因此建议只有经过一定训练的人才能参与。它也是传统三项中最具有观赏性的项目，运动员通过加速越过跳台，高高跃起，似大鹏展翅高飞，令人叹为观止。

由于跳台滑水使用的双橇在滑行中具有较高的稳定性，因此跳跃橇也通常被用来训练初学者起滑，一般的人能在很短的时间内就能穿着跳跃橇体会在水上"行走"的乐趣。

3. 艺术滑水

艺术滑水是将多种滑水单项以艺术化形式表现出来的滑水运动的综合体，有极高的观赏性。

艺术滑水起源于20世纪60年代的美国。当时一些专业滑水运动员不满足于一般性的训练和比赛，创造了多人及多项目的滑水组合，并在一些公众场所进行表演，逐步演变成一个相对于竞技滑水独立的门类。美国于70年代初开始举行全国性的艺术滑水比赛。

与竞技滑水的个人比拼最大的不同，艺术滑水通常是多人组合。在比赛和表演过程中，滑水者穿着艳丽多彩的服装，配以背景音乐和现场解说，场面宏大而热烈。

艺术滑水所展示的项目通常有多人罗汉（4层甚至是5层）、特技跳跃、水上芭蕾、多人赤脚、多人特技空翻等十几个项目。

从滑水运动的发展历程看，艺术滑水对于人们了解和参与滑水运动起到了不可估量的作用。

四、滑水基本装备

1. 牵引器材

滑水的牵引设备通常分为两种，一种是船艇类，为专业的滑水拖船；另一种是索道类。目前在世界上使用最为普遍的是滑水拖船。拖船一般由专业的滑水拖船制造公司制造，一般功率为220千瓦，艇型的设计非常符合滑水者对尾浪（专业称尾流）的需要。滑水拖船价格比较昂贵，一艘拖船的价格通常在4万美元以上，属于小型机动艇中的高档品了。索道牵引设备出现不久，它类似于高山索道，只是把高山索道围成一个封闭的场地，而且索道上增加了特殊的变频装置，使得牵引速度可以从20千米/时一直到60千米/时。牵引设备最大的好处是可以在城市中心很小的水域架设，但一次性的投资较大。

2. 滑水板（水橇）

滑水板（专业称为水橇）的种类较多，每种橇代表一种滑水类型，现在普遍使用的是跳跃橇、回旋橇、花样橇、尾波橇、跪板等。现就以上几种主要橇型作简要介绍。

（1）跳跃橇。跳跃橇是滑水者用于进行跳跃滑水所使用的橇型。橇板有两只，滑水者两脚分别穿着一只。每只橇板根据滑水者的身高、体重而专门设计，通常长200~230厘米，宽度约25厘米，脚套固定在板体靠中间的位置。最新型跳跃橇的前端翘起大约50厘米，以增加水橇在空中的升力，从而帮助滑水者提高跳跃距离。板体的尾部装配有尾鳍。跳跃橇的设计便于滑水者的加速和在水面及空中的稳定性。因此，很多初学者使用跳跃橇进行起滑练习。

（2）回旋橇。回旋橇的长度一般在170厘米左右，顶部呈监弧形，较为宽大（约15厘米），由顶部向下逐渐变窄，到底部（尾部）最窄（约8厘米）。尾部板体下端安装有尾鳍，以利于方向的控制。整个板体下端有个凹陷的槽，以利于滑水者在遇到浪时稳定重心。回旋脚套安装在板体上端靠中心的位置，分为前脚套和后脚套。回旋橇的设计便于滑水者在水中进行加速、减速和转变方向。

（3）花样橇。花样橇的长度一般在100厘米左右、宽度约35厘米。板体两端呈弧形。回旋脚套安装在板体上端靠中心的位置，分为前脚套和后脚套。花样橇的设计便于滑水者在水面的转体和利用尾流做出难度更大的空翻、跨越等动作。

（4）尾波橇。尾波橇是在花样橇的基础上设计而成的。但它的长度一般在130厘米左右、宽度约40厘米。板体两端呈弧形。板体两端下部安装有尾鳍，脚套安装在板体上端靠中心的位置，分为左脚套和右脚套。尾波板的设计便于滑水者借助尾流取得很高的腾空高度以便做出转体、空翻等一系列高难度的动作。尾波滑水者的动作看起来和花样运动员的动作类似，但尾波运动员的动作幅度更大、更具有观赏性。

（5）跪板。跪板是人跪在一个板体上进行滑水的橇型。它的形状像一条小船，板体上表面有两个凹槽，滑水者可以跪在上面，板体下端安装有尾鳍，以便控制方向。

3. 保暖服

滑水者穿着保暖服一般有几个目的，一是可以在水温较低的情况下滑水起保暖作用，另一方面是保暖服都是由海绵、橡胶等合成材料制成的，具有一定的浮力，滑水者不慎落水时可以帮助滑水者浮出水面。

4. 救生衣

出于安全上的考虑，滑水的几个项目，包括跳跃、回旋等要求滑水者穿着救生衣。对于初学滑水的人来说，穿着救生衣几乎是强制性的规定，由于救生衣所具有的浮力，可以在将滑水者在水中浮起而不致溺水。

5. 滑水拖绳

滑水拖绳一般由玻璃丝编织而成，直径一般在 1 厘米左右，可以承受几千千克以上的拉力而不变形或折断。拖绳的长度因滑水项目的不同而不同。滑水绳一般长为 23 米或 31 米，有时候根据比赛或表演的特点有所变化。跳跃拖绳长 21.5 米，绕标拖绳长 16.75 米。花样滑水对绳子长度没有限制。跳跃比赛时，拖绳的规定长度是 23 米；回旋比赛的拖绳长度因运动员的比赛进程而不断由裁判按照 18.25 米、16 米、14.25 米、13 米、12.25 米、11.25 米、10.75 米、10.25 米、9.75 米的顺序缩短；而花样和尾波比赛则可由运动员根据自己的个人习惯而选择，但一般在 20 米左右。

6. 拉把

拉把即滑水者握住的连接拖绳的手柄，形状类似一个三角形，顶端有一个可以和拖绳连接的环套，手柄部分是一个有合金制成的圆管，外部套由橡胶。拉把一般具有浮力，即使落入水中也会浮在水面上。

7. 其他器材

滑水手套、臂环、滑水短裤、划桨、救生圈、氧气袋、尼龙背心等也都是滑水者经常要使用的器材。

第九节 海泳

一、海泳地点的选择

要选择合适的海泳地点或开发成熟的海湾。因为这样的海湾多半风平浪静，水质优良，水底地势平缓，海底沙子细腻，没有不明危险物。鲨鱼、海蛇之类几乎是没有的。有的海湾海底地势比较陡险，往外游很短的距离就越来越深，这样的海湾浴场会设置防鲨网。从安全角度而言，成熟的海湾，都是多年海泳检验为安全的。

二、海泳的准备

1. 装备

选择在浴场海泳，一般只穿戴泳衣、泳裤、泳镜、配备救生工具或救生衣、防晒霜。

2. 要了解海泳海域的水情

海泳者要了解海泳点海域的潮汐时间、海域潮流走向、缓急情况；要了解海域的周边情况、要了解水温，预先做准备活动，以防抽筋；不要单独进行海泳或在未开发海区游泳。

三、海泳的技术

1. 下海

刚下海时，一般是岸边的浪比较大，选择时机抓紧冲过第一个大浪，然后用后身迎接第二、第三个浪，越往外边浪越小。在海水中应对海浪的方式有两种：在浅水中，浪到跟前后猛地跳起来；在深水中遇上"卷檐子"大浪最好的办法是立即潜入水中，待浪头过去之后，迅速浮出水面，呼吸换气，准备迎接下一个大浪的到来。

2. 泳姿

在海里游泳，海泳者应根据实际状况采取相应的泳姿，自由泳、侧泳、蛙泳、蝶泳、仰泳都可以。无论选择什么泳姿，应根据海流速度和方向，根据海浪大小和方向，自己自由掌控。

3. 呼吸

最好是能够学会埋头在水里呼、水面吸。入水略微憋气，出水猛然吐尽，绝不拖泥带水。

4. 遇到风浪怎样处理

（1）浪高在2.5米以上，一般禁止海泳。

（2）浪高在2米以下，浪距宽、比较柔和的海浪，当浪峰盖过来时，深吸一口气，迎着浪钻了进去；在浪谷时钻出来赶快换气，迎接下一个浪峰的到来。

（3）在靠近礁石时，要趁着前浪和后浪间隔的时间赶快上礁石，以免被后浪拍打在礁石上。

（4）海泳时遇到落潮时，要加快划水速度，要赶快上岸；如果一时游不回来，要沉着冷静，判断海流的方向，然后再自己决定如何游，往哪个方向游。

5. 上岸技巧

海泳结束时上岸也有技巧，上岸时要选择前一个浪刚退下，后一个浪还没来到的短暂空隙间，用尽全力往岸上跑。

如遇到海上起雾时，严禁下海。

四、海泳注意事项

（1）游泳时要先了解潮汐、了解水温，最理想的是27℃；预先做好准备活动，以防抽筋；不要单独游泳或在未开发海区游泳；总是与海岸线平行游，不得越过安全带；注意来往的冲浪板、帆板、船只等。

（2）浪太大时不宜下海。

（3）不可离岸太远，不要独自游到大海深处。

（4）如果对海域不熟悉，暗礁和岩石都可能在涨潮的时候被淹没在海水中，不小心游得太远或是太偏僻，求救都很困难；不要离防鲨网太近，以免被网缠住手脚；有些海滩珊瑚礁很多，会扎脚，所以可以穿上潜水鞋，避免磕破、磕伤。一定要在允许的区域中游泳。

（5）酒后和饭后不宜下海。

（6）有大雾或打雷时不宜下海。

（7）集体到海滨旅游和游泳的最好能预先备下20米左右的一根绳子，以应对不时之需。

（8）游泳溺水后的自救方法关键在于一定要保持冷静和镇定。

（9）海边游泳也要注意潮涨潮落时间，同时要注意防晒。

（10）潜水的时候，特别是深潜，要服从教练的指导和嘱咐，任何不适都要及时告知。

（11）一些大型海滩上也会有安全巡检员，遇到突发问题，可以立即求救。

第十节　风筝冲浪

风筝冲浪是一项借助充气风筝、脚踩冲浪板的一种集刺激、惊险的海上运动。

一、简介

风筝冲浪是起源于美国夏威夷的一项运动，最初由一个热衷快艇滑水的美国人从滑翔伞中得到灵感，后来改造滑翔伞并将其与冲浪板结合起来，由此发明了这项短时间风靡所有热带海岸地区的运动。

通过大型风筝的力量可以有效带动人体在水面滑行或者飞跃高空。该项运动需要充足的风况来进行操作。随着风筝技术的进步，已经可从 8 节（一节等于 1.852 千米/时）的风况玩到 40 节。风筝尺寸从 5~16 平方米为一般最常使用的尺寸；风力越大使用越小尺寸的风筝，反之亦然。

板子则分为双向板及单向板。双向板类似滑水板，由板子、脚套、尾舵所组成，适合新手练习及花式动作；单向板则类似冲浪板外加脚套。适合竞速，浪区动作。风筝冲浪玩家身上还需要穿着一件挂钩衣，借此连接风筝。

二、起源

风筝冲浪（图 5-9、图 5-10）起源于 20 世纪 90 年代的美国。

5-9 风筝冲浪（一）　　　　5-10 风筝冲浪（二）

  几年后，法国有一对兄弟开发出一种专门供人在水面操作的风筝，其外形与飞行伞型风筝类似，但此风筝的翼面及龙骨却是充气的，由于其形状固定，且风筝内充满空气，当它落在水面上，不但不会下沉且能重新起飞。

  1998年起，美国夏威夷海滩上偶尔会有人将充气风筝与冲浪板结合在一起玩，自此，这项新的运动便在全世界很快风靡起来。该项新兴极限运动进入中国后被称为风筝冲浪。

三、技术原理

  风筝冲浪的原理非常简单，就是将充气风筝用两条或四条强韧的绳子连接到手持横杆上，借着操作横杆来控制风筝之上升、下降及转向，并结合脚下踩着的各式滑板，就可在海面、湖面、沙滩、雪地上滑行甚或将人带离水面做出各种花式动作。

四、器械

1. 风筝

  具有充气式支架，坠落时会浮于水面，运用技巧可使它重新起飞。充气式支架风筝有二线及四线风筝。二线风筝操作简单易学但难以随时调整风筝拉力，已越来越少人使用；四线风筝操控较复杂但可随时调整风筝拉力。2004年四线风筝经改良多出一条中心线，被称为五线风筝，它更安全且更容易从水中重新起飞，在2005年已成主流。

2. 风筝线

承受拉力应在2.225千牛以上，线要具有不吸水、低延展的特性，再加上抗紫外线处理，只要好好保养，一组线可以用很久。线长一般为27米，若风筝面积不变，长度越长，风筝的力量越大，长度越短，拉力越小。若使用有色线，则选红色线，一律装在左手边，以方便判断风筝绕圈后把手的正确方向。

3. 把手

把手配合风筝设计，分为两线式、四线式、五线式；依材质不同则分为铝合金及碳纤维两种，碳纤维把手具有重量轻、强度高的特性，渐渐成为主流。把手上装有调整装置及紧急释放系统，好的释放系统能在最短时间内将风筝拉力释放。

4. 腰带

腰带用途在于使风筝拉力能轻松地带动身体。腰带分为坐式及腰式两种：坐式使用起来较轻松；腰式适合用来玩花式动作。

5. 滑板

早期风筝冲浪采用冲浪板改良而成的单向板，长度长、浮力大，很适合初学者练习上板或在风力较弱的环境使用，但单向板滑行转向时必须换脚，而且体积大，不利于空中花式动作，渐渐被双向板取代。

五、危险性

高刺激性伴随着高危险性，这一规律符合一切极限运动，当然也适用于风筝冲浪。这项运动自诞生以来的十几年里，每年都有人因为玩风筝冲浪而丧生。甚至在有的国家和旅游度假胜地，风筝冲浪和风筝滑雪被严格禁止。

因为风筝飞起来的力量很大，若操作不当，它可能将人拖着在海面或沙滩上滑行，或突然将人带离地面、水面，因而造成伤害。系在操纵杆上30米长的风筝线，极有可能与其他人的风筝线互相缠绕，也有可能被过往船只的桅杆卷住，甚至还有可能切断人的手臂或手指。而最大的危险莫过于来自捉摸不定的风向。如果离岸风十分强劲，运动员大可以一展身手，如果风向突然掉头转向，那就要留心岸边的电线杆、停车场以及濒海别墅或者其他建筑物了。

六、发展现状及其他

风筝冲浪是世界上最受欢迎的极限运动项目之一。美国风筝冲浪协会曾对1600名年龄在18~35岁的运动界人士做过一项调查。调查结果表明，71%的人认为风筝冲浪是世界上最刺激和最充满活力的极限运动，其中只有1/3的人曾经尝试过这种新潮运动。风筝冲浪正在受到越来越多人的喜爱，尤其是在青年人中间备受推崇，被称为自20世纪以来最有趣的运动。

七、主要赛事

2016年巴西里约热内卢奥运会；风筝帆板国际巡回赛（KTA）。

八、相关组织

国际风筝冲浪组织（International Kiteboarding Organization，IKO），是为全球风筝冲浪爱好者提供安全、规范的培训及认证机构。

第十一节　冲浪

冲浪是以海浪为动力，利用自身的高超技巧和平衡能力，搏击海浪的一项运动（图5-11）。运动员站立在冲浪板上，或利用腹板、跪板、充气的橡皮垫、划艇、皮艇等驾驭海浪的一项水上运动。不论采用哪种器材，运动员都要有很高的技巧和平衡能力，同时要善于在风浪中长距离游泳。

5-11 冲浪

一、起源

冲浪是波利尼西亚人的一项古老运动。冲浪运动以浪为动力，要在有风浪的海滨进行。海浪的高度要在1米左右，最低不少于30厘米。夏威夷群岛常年有适合于冲浪运动的海浪，特别是冬天或春天都有从北太平洋涌来的海浪，浪高达4米，可以使运动员滑行800米以上。美国的夏威夷群岛一直是世界冲浪运动中心。

关于冲浪的起源，主要有两种说法。

（1）冲浪运动始于澳大利亚。在欧洲人到达澳洲大陆之前，澳大利亚的土著人乘独木舟浮海时，就凭一叶扁舟忽而冲上浪峰，忽而滑向浪谷。这就是冲浪运动的前身。

（2）冲浪起源于20世纪60年代末美国的夏威夷群岛。第二次世界大战后，塑料冲浪板出现，促进了冲浪运动的发展，冲浪运动才真正在世界许多国家开展起来。

随着冲浪运动逐渐普及和提高，其向着竞技方向发展起来。澳大利亚经常举行冲浪比赛。首届世界冲浪锦标赛于1962年在澳大利亚的曼利举行，其后每两年举行一次比赛。比赛主要根据冲浪者在规定时间内完成的冲浪数量和质量，采用20分制进行评分，如在30分钟内冲3个浪或45分钟内冲6个浪，再根据冲浪运动员冲浪的起滑、转弯、滑行距离和选择浪的难易程度等进行评分。

冲浪运动曾创造了许多令人难以置信的奇迹，常使人惊讶不已。1986年初，两名法国运动员庇隆和皮夏凡，脚踩冲浪板，从非洲西部的塞内加尔出发，横渡大西洋，于2月下旬到达中美洲的法属德罗普岛，历时24天12小时。

冲浪运动是相当惊险的一项运动。脚踏冲浪板，出没在惊涛骇浪之中，即使熟悉水性、有高超技巧的人，也难免发生意外或危险。因此，随着冲浪运动的发展，冲浪救生活动也在不断发展。

二、运动类型

（1）娱乐型。简单的器具，以休闲娱乐、运动健身、自我表现、社交等为目的。

（2）比赛型。采取淘汰制，在15~20分钟内，运用波浪起伏推动原理，做出自己拿手的动作。

男子比赛：空中技巧、长板、短板、团体挑战赛。

女子比赛：短板。

三、冲浪板介绍

现在用的冲浪板长1.5~2.7米、宽约60厘米、厚7~10厘米，板轻而平，前后两端稍窄小，后下方有一起稳定作用的尾鳍。为了增加摩擦力，在板面上还涂有一种蜡质的外膜。全部冲浪板的重量只有11~26千克。有以下几种类型。

（1）长板。长度2.7米以上，适合初学者。

（2）短板。长度2.1米以下，属于技术型浪板。

（3）枪板。窄又长，以应付类似于夏威夷地区的大浪。

（4）软板。动感机动性强，不受浪头大小限制，适合初学者。

（5）浮筏板。板面宽大，速度转变较慢，适合初学者趴在浪板上练习用。

（6）人体冲浪。不利用任何工具，将人体在较浅海边，以游泳方式，浮于水面，随波浪起伏而推进。

四、运动技巧

最初使用的冲浪板长5米左右，重50~60千克。第二次世界大战后，出现了泡沫塑料板，板的形状也有改进，冲浪运动是运动员先俯卧或跪在冲浪板上，用手划到有适宜海浪的地方作为起点。当海浪推动冲浪板滑动时，运动员使冲浪板保持在浪峰的前面站起身体，两腿前后自然开立（通常是平衡腿在前，控制腿在后），两膝微屈，随波逐浪，快速滑行。

冲浪板携行要注意转弯的地方，朝海边走出去时，手上拿着冲浪板的角度要成直线，千万不可把浪板放在身体前面，防止海浪撞击浪板打到自己的身体。放在地上时要轻放，风很大时摆在沙地上要用沙子盖在冲浪板上，或者绑好安全脚绳，在沙滩上做柔软体操时，身体要站在顺风方向的前缘，以免冲浪板打伤。冲浪板由外海冲回岸边，距离水深约30厘米时，要立即下板，避免冲浪板直接冲击到石头上。

冲浪起乘规定是以最靠近海浪崩溃点，且运动员的第一个动作是站立起来，旁边的冲浪运动员都要停止冲浪。冲浪时每个人在海上的距离应保持两个冲浪板的长度。

冲浪最好的浪形以中间崩溃往两边斜面推进的海浪最好，最危险的浪是以一排涌起瞬间崩溃的海浪，如果遇到这样的浪，最好上岸休息。冲浪中如果碰到往外海方向拉出去的海流时，最好以斜面方向跟着海流走，把握海浪，切勿丢掉安全脚绳，最好是趴在浪板上休息等待救援。

在冲浪板与海浪撞击的时候，不能用手去拉安全脚绳和冲浪板。以免手被拉伤。在外海区遇到疯狗浪的人，要迅速把冲浪板往后丢，赶紧拨水潜水躲藏。如果看到水母出现或是被水母咬到，必须赶快上岸休息。

冲浪时也要遵守冲浪的规则，避免大家因撞到彼此而受到伤害。起乘时，大家都要谦让最靠近海浪崩溃点，且第一个站立起来的冲浪手，一个人一个浪，平时保持2个冲浪板长度的距离，而在冲大浪的时候，大家要保持3个冲浪板长度的距离。

初级冲浪手要加强手部划水训练、体能训练、脚部训练、水中前滚翻憋气训练，下水前要特别注意检查装备、进行准备运动。

第十二节 摩托艇

一、摩托艇简介

摩托艇是驾驶以汽油机、柴油机或涡轮喷气发动机等为动力的机动艇在水上竞速的一种体育活动，集观赏、竞争和刺激于一体，富有现代文明特征的高速水上（海上）运动。其比赛的场面壮观激烈、精彩纷呈、惊心动魄，是公认的具有较大影响力、受关注度较高的竞技体育项目之一。

二、摩托艇起源

摩托艇起源于19世纪末。1903年美国20多个动力艇俱乐部联合建立统一组织"美国动力艇协会"。1922年在比利时的布鲁塞尔成立了国际摩托艇联盟。1924年舷外发动机的出现，有力地推动了这一运动的发展。摩托艇的比赛形式为闭合场地的环圈竞速，主要技术关键有起航、加速、绕标、超越和冲刺等。比赛过程马达轰鸣、浪花飞溅、高潮迭起、扣人心弦。

我国是国际摩托艇联盟（Union Internationale Motonautique，UIM）（简称"国际摩联"）的正式成员。国际摩联下设安全委员会、技术委员会、近海委员会、娱乐航行委员会、运动委员会、方程式委员会、一级方程式委员会、水上摩托委员会和仲裁等委员会。国际摩联每年举办各级别的世界锦标赛、洲际锦标赛和国际大奖赛等。

我国从20世纪80年代初开始每年均派队参加世界锦标赛。

我国摩托艇协会还于1995、1996和1997年三次成功地承办了世界一级方程式（F1）摩托艇锦标赛，观众达百万人。

我国于1956年7月开展摩托艇运动，于1958年在武汉举行了首次的全国比赛，于1981年正式加入了国际摩托艇联盟。

三、摩托艇项目分类

当今世界上摩托艇的比赛有十几个级别,我国目前重点开展的项目有O：250、O：350、OSY-400、O-125四个级别。我国从1956年正式开展摩托艇运动,现在每年都举办全国锦标赛、冠军赛及国际明星对抗赛等一系列赛事。

OSY-400级摩托艇环圈竞速赛：是指运动员围绕固定的标记进行逆时针环圈计时赛。比赛距离分5千米和10千米。使用燃料为93号汽油。比赛中最高艇速可达140千米/时。

OB-350级摩托艇环圈竞速赛:是指运动员围绕固定的标记进行逆时针环圈计时赛。比赛距离分5千米和10千米。使用燃料为甲醇和蓖麻油混合物。比赛中最高艇速可达170千米/时。

摩托艇运动包括竞速艇（船）、运动艇（船）、游艇（船）、汽艇、水上摩托、气垫（船）艇、喷气（船）艇、电动（船）艇等运动。

水上摩托运动是集高科技、观赏、竞争和惊险刺激于一体,富有现代文明特征的高速水上运动。其比赛的场面壮观激烈、精彩纷呈、惊心动魄,是世界公认的具有较大影响力,较高收视率（仅次于奥运会、足球世界杯和F1锦标赛）的竞技体育项目之一。

水上摩托根据驾驶方式分为座式水上摩托和立式水上摩托（也称滑水型水上摩托）两种类型,目前国际摩托艇联合会正式设立的比赛级别为立式水上摩托800毫升；座式水上摩托1200毫升。

比赛项目有障碍赛、耐力赛和花样赛（仅限立式水上摩托）。

障碍赛比赛形式是运动员在闭合赛场进行的忽左忽右绕标驾驶或跨越障碍的竞速比赛,主要的关键技术有起航、加速、绕标、越障、超越和冲刺等。比赛过程马达轰鸣、浪花飞溅、高潮迭起、扣人心弦。

花样赛是运动员利用水上摩托在规定的时间内充分展现骑手在难度性、挑战性和创造性上的技巧和专门技术的比赛；比赛时运动员所展示的空翻、潜水、跳跃等高难动作,将使观众眼花缭乱、目不暇接。

四、驾驶摩托艇技巧与注意事项

摩托艇操作方便，而且配有专门的教练和救生人员。初学者最好有专业人士陪伴经培训、考试合格，取得相应的摩托艇驾驶证书后，再独自驾驶前行。

安全帽和救生衣也是必不可少的。上船时，把开关绳系在手腕上，万一身体被甩离艇体，摩托艇会自动关机，不至于伤人。

两艇高速对驶时，与陆地开车靠右行驶一样，应该靠右避让。特别需要注意的一点是，摩托艇是靠喷射水流来推动前进、控制方向的，所以艇在即将靠岸的时候，应该慢慢减速，而不是骤然关机。如果熄火，方向就不能控制，惯性会使摩托艇直冲岸边。

在驾驶过程中不要离开海岸太远，摩托艇与岸的距离要保持在150米以上。年龄未满16周岁或超60岁，患有心脏病、高血压最好不要驾驶。不得相互追嬉竞赛。

坐在摩托艇上插上钥匙，并将钥匙套在右手上，以免摩托艇在高速行驶时，钥匙滑落。

启动或回航时都请低速行驶，以免造成机器损坏。

摩托艇在海上高速行驶时，千万不要急转弯，以免翻艇造成人员受伤。

摩托艇在海上高速行驶时，请保持自身与摩托艇的平衡。

五、F1 摩托艇世锦赛

一级方程式（简称F1）摩托艇世界锦标赛是由国际摩托艇联合会（简称国际摩联）发起组织的集竞争性、观赏性和刺激性于一体的体育竞赛项目。

F1摩托艇赛，是指一种要求运动员在围绕固定的标记进行的时左时右转弯的环圈计时赛，比赛速度可达220千米/小时。用艇为双浮体式滑行艇，封闭式座舱，长4.8米、宽1.8米、深0.8米、重450千克。发动机为二冲程艇外挂机，排量2000毫升，转速11000转/分。

F1摩托艇世锦赛无论是比赛的规模，还是运动员的驾驶技术、艇速，都充分体现了当今世界摩托艇运动的最高水平。

六、竞赛规则

1. 参加竞赛者的条件

凡 17 周岁以上持有摩托艇驾驶执照并符合竞赛规程要求的男女运动员，均可申请参加舷外运动艇和舷外竞速艇 A 组的竞赛。一级运动员或参加两次以上摩托艇正式比赛者，方可参加舷外竞速艇 B 组的竞赛。

参加者必须身体健康，并持有近期医生签署的身体检查合格证。

参加者必须能游泳 200 米以上（姿势不限），否则不得参加竞赛。

女子只允许参加气缸工作容积 350 毫升以下的舷外竞速艇和舷外运动艇的竞赛。

2. 气象和水面

竞赛应在能见度良好的情况下进行。

气象条件恶化或水面情况不适合，应停止舷外竞速艇的竞赛。

3. 竞赛的变更

如因天气突变或经营活动规定特殊原因，在必要时，裁判委员会可以取消、推迟、缩短或停止某些项目的竞赛。

裁判委员会可以根据具体情况，恢复被推迟或停止了的竞赛，亦可按已经进行的轮次评定成绩。

在重新组织竞赛时，已犯规或未报名的赛艇，不得参加竞赛。

4. 赛艇使用规定

竞赛者只能使用经本人申请、裁判委员会批准的发动机和艇壳，一经铅封不允许更换。

低一等级的赛艇，可以参加同一类型和同一组别的任何高一等级赛艇的竞赛。

运动员必须使用自己的号码。

5. 援助

参加竞赛的赛艇起航后，在到达终点前的过程中，不得接受他人的援助。

长距离竞赛时，经营活动规定人可以帮助竞赛者加油。但不能参加任何形式的修理和帮助调整发动机。

6. 更换运动员

更换运动员必须经裁判委员会批准。个人冠军赛不得更换运动员。

7. 裁判委员会的组成及其职责

裁判委员会由总裁判长、副总裁判长、编排记录长、起航裁判长、终点裁判长、计时长、航程裁判长和技术检查组长组成。

在竞赛组织委员会的领导下，组织实施全部竞赛的裁判工作。

严格执行竞赛规则和规程的各项规定。

检查督促裁判员的工作，解决竞赛中发生的重要问题，纠正裁判员所作的错误裁决，更换不称职的裁判员。

8. 裁判员及其职责

各种裁判员的人数可根据竞赛规模的大小而定。

（1）总裁判长的职责。**总裁判长**负责召集裁判委员会会议。按竞赛规则和规程的要求，领导各裁判长进行工作执行裁判委员会的一切决议；竞赛前，检查航线、场地设备以及必要的用具等准备工作是否合乎竞赛规定和要求；当竞赛不能继续进行时，经组织委员会同意，可根据实际情况变动竞赛项目和日程；解决竞赛中发生的争论和纠纷，对呈交的意见书及时进行决定；对不遵守竞赛规则和规程以及有粗暴行为的运动员，进行警告、停赛或取消其参加竞赛的资格；竞赛中，发现运动员技术动作失常影响安全时，可立即召回停止其参加竞赛；根据需要及时召开裁判委员会会议，研究解决竞赛中发生的问题和总结裁判工作；对伤害事故采取有效的紧急措施，并立即报告组织委员会；竞赛结束后，向组织委员会提交成绩、记录和裁判工作总结，统计达到等级标准的运动员名单；签署创（破）纪录和健将级运动员证明单。

（2）副总裁判者的职责。**副总裁判长**协助总裁判长进行工作，如受总裁判长委托，可代理其职责；在竞赛过程中，须有一名副总裁判长负责交通救生艇的调动和使用。

（3）编排记录长和记录员的职责。**编排记录长和记录员**根据各单位的报名情况，审核各竞赛参加者是否符合竞赛规则和规程的要求；编制竞赛日程表，准备竞赛用的各种表格；组织竞赛的抽签工作；核定各项目的成绩和名次，经总裁判长批准后予以公布；收集、保管竞赛的有关资料和文件。

（4）起航裁判长和裁判员的职责。**起航裁判长和裁判员按**规定的时间发出竞赛项目、赛艇等级、起航、召回以及其他有关信号；判断赛艇在通过起航线时是否犯规，登记起航时犯规赛艇的号码，并处理与起航有关的其他事宜。

（5）终点裁判长和裁判员的职责。**终点裁判长和裁判员**登记赛艇行驶的圈数和号码。确定赛艇到达终点的次序。负责封闭终点线，并处理与终点有关的其他事宜。

（6）计时长和计时裁判员。**计时长和计时裁判员**检查和核对秒表。准确记录赛艇驶完全程的时间，计算平均速度，填写计时卡片。

9. 舷外运动艇

舷外运动艇是竞赛摩托艇的一种。是指发动机固定安装在艇的尾板上，并可作为一独立的整体装上拆下的运动艇。使用的发动机厂牌不限，须带正、倒、空车装置，并以水泵冷却，发动机不允许改装，但螺旋桨和火花塞可以自选，发动机使用市场出售的汽油作燃料。

10. 对发动机、艇壳，消音器的要求

（1）发动机。舷外发动机是一台完整的动力机械和推进装置的组合。其传动装置不穿过艇壳，可以随意从船艇上卸下或装上。只能用活塞式发动机和水中螺旋桨，每个单人艇上只能装一台发动机和一个推进器。

（2）艇壳。舷外竞速艇，艇壳自选，并允许采用空气动力作用的浮升装置。舷外运动艇，艇壳自选，但不得使用任何空气动力作用的浮升装置和水翼装置。艇壳必须安装坚固灵活的操舵系统。

艇首必须装有牢固的系索栓及一定长度并能承受拖拽本艇拉力的艇首绳。艇上应备有桨和排水设备。艇上应装有从两舷均能看得见的号码牌。尺寸为长40厘米，宽25厘米。数字高24厘米，数字线宽为5厘米。均为白底黑字。号码不清晰、不完整（经技术组提出而不更改），或在航行中松脱丢失，将不评定该轮成绩。

（3）消音器。发动机必须采用一种有效的消音装置，使发动机的捧出音响不超过95分贝。国家级（A组）发动机必须采用原装消音装置。舷外竞速艇B组发动机可以使用气体膨胀室式消音装置，可不受以上规定限制。不论采用何种消音

装置，未经检查或未经裁判委员会批准，一律不准使用。竞赛过程中，消音装置的一部分或全部丢失，或其功能减弱，则取消该艇的竞赛资格。

（4）音响测量。声级仪的话筒位置应距发动机 25 米远，与起航线垂直，离水面的高度为 1.29 米。测量时，前后左右 50 米水面处无任何障碍。必须进行两次测量：一次是在艇接近时，一次是在艇离开时。任何一次测量的数据均不得超过 95 分贝。测量时，发动机必须运转至最高转速发挥最大功能。进气阀门完全开启，汽缸充填最大量的可燃混合气体。

11. 发动机和艇壳的测量

发动机汽缸工作容积由下列公式求得：

$$V_L = \pi D S L^4 \times 10^3$$

所有数据的精确度须在 0.1 毫米以内。所有赛艇都应进行测量。并将测量结果详细填写在申请书中，否则该申请无效。

发动机经过修理和改装后，必须重新测量和确定其等级。获得优异成绩者的发动机均应即时进行测量，确认其等级。

12. 赛艇的技术检查

竞赛开始前，所有参加竞赛的赛艇都须经过技术检查。未经检查或检查不合格的赛艇不准参加竞赛。

对赛艇进行技术检查时，教练员和驾驶员必须在场。

被检查的赛艇除应符合规则和规程的要求外，还应做到：须装上发动机；必须装上运动员的号码牌；艇壳必须坚固、清洁（最好涂以识别颜色）。

13. 航线的形式和长度

全长 1 米的直线航线，标间距离不得少于 1000 米。航线两端与岸上垂直点各设两根固定而坚实的标杆作为标志。航行区域可设限制标志和导航标志。

闭合环形航线可设为直线和多角形或其他形式的航线，长度不得少于 1500 米。

14. 场地布置

任何竞赛航线应尽可能地设在主要航道一旁。航线上不得有任何障碍物（沙滩、木桩、礁石、渔网、船只、漂浮物等），如有障碍物，则应设置明显的保护标志。

竞赛航线应由专门的测量员正式测量和布标，并制订相应的文件和附上比例尺不小1∶25000 的路线图。图中必须注明一切有关的标志，并将图的测量方法、精确程度等表格交裁判委员会；经批准后，组织方方能在此航线上举行竞赛。

为标示航线长度而设置的标志，称为航程标志。航程标志应由软质材料制作，以保证赛艇安全。标高为 1.2 米，直径为 0.5 米。

转弯处的航程标志，其航道宽度不应少于 50 米。标志应牢固。位置不得移动。

15. 起航线和终点线

竞赛航线上必须设有起航线和终点线（起航线和终点线可设在一条线上）。

环形航线的起航线和终点线必须设在航线的直线航道上，距第一个转弯标志之间的距离不得少于 300 米。

起航区的长度为 100 米，其宽度应根据起航的艇数而定（每条艇应有 3 米以上的宽度）。

16. 信号设备

（1）信号旗。信号旗主要有如下几种。

起航旗：全绿色。配合起航表，在起航前 5 分钟升上信号旗杆，用以通知参加该项竞赛的运动员可以离开停泊场准备起航。当到达起航时间时降下此旗。

停止竞赛旗：全部鲜红色。停止或结束竞赛时挂于信号旗杆上。召回，封闭终点旗与停止竞赛旗相同。

终点旗：黑白方格旗（图 5-12）。当运动员驶完全程到达终点时，裁判员用以通知运动员退出竞赛场地。

险情信号旗：金黄色。用以航道上有险情存在通运动员应注意避让。注：大型竞赛可同时使用白色（预备起航）、绿色（起航）、红色（停止、召回封闭）信号弹表示。

图 5-12　终点旗

（2）信号牌。信号牌的尺寸为 60 厘米×80 厘米，两面均为白底黑字。

（3）等级、项目牌。牌中第一字母表示类型，第二字母表示等级，第三字母表示国家级。

（4）其他信号牌。抢先起航的赛艇如经起航裁判长确认，可由裁判员出示该艇的号码,使其退出竞赛(竞赛—N 推迟竞赛—R 缩短竞赛—D 停止竞赛—S)。

(5)起航表和分钟牌。

①起航表:表盘直径为 2 米,用电动或机械结构转动秒针。如条件不具备,也可用手拨动,但应准确。表盘为白底,秒针、刻度和宽 5 厘米的环形圆周边均为黑色。

②分钟牌: 由框架和在框架中能转动的五块圆板(或方板)组成。板的最小直径为 40 厘米,板的一面为白底,写有 5、4、3、2、1 黑色字,字高为 25 厘米,笔划宽度为 5 厘米,另一面为黑色。

表与牌离地面高度为 1~1.5 米,安放位置应有利于起航等待和起航时水面各艇的观察。

(6)信号旗杆。旗杆为升各种信号用。离旗杆顶端 0.5 米处安装一根长 1.7 米的横杆,杆上装有一定数量的滑轮和绳索。旗杆的位置和高度应使整个竞赛场地都能看见。

17. 识别标志

航程标志:红旗或橙黄色浮标。

起航线和终点线标志:黑白方格旗。

起航区限止标志:绿旗(本规则中使用的各种信号旗尺寸均为 60 厘米×80 厘米)。

18. 评定成绩的方法

除有特殊规定外,一切两轮或两轮以上的竞赛,必须采用下列评分制度(表 5-1)。

表 5-1 评分制度

名次	得分	名次	得分	名次	得分	名次	得分
1	400	6	95	11	22	16	5
2	300	7	71	12	17	17	4
3	225	8	53	13	13	18	3
4	169	9	40	14	9	19	2
5	127	10	30	15	7	20	1

(1)评定名次。参加该项目所有赛艇,不论同时起航或分组起航,均以平均速度高低决定各轮成绩。

环圈速度竞赛,每项进行四轮,取其中三轮最好成绩的得分总和评定各运动员名次，如得分相等，则取其中一轮的最高时速作为评定的依据。

（2）平均时速计算方法。计算航行速度的准确性，应达到 0.001 千米/时。

19. 登记纪录的条件

全国纪录由中华人民共和国体育运动委员会批准公布。

全国纪录有速度纪录和竞赛纪录两类。速度纪录其基本航程为 1 千米。竞赛纪录的航程为 5 千米、10 千米、15 千米闭合环形航线。

新纪录必须不少于现有纪录乘以 1.0075 时，由总裁判长签字，并履行申报手续才能进行登记。

凡打破或创造全国最高纪录的赛艇，都必须及时进行测量和检查。被测量和检查的赛艇驾驶员应在场，否则纪录无效。

不得在抛锚的船上进行计时，否则不予承认。

在涨潮或落潮前后的 1 小时（水流改变期间）不能进行创纪录航行。

20. 速度纪录

创速度纪录赛必须由运动员所属省、市、自治区体委申报，经国家体委批准，或编入竞赛规程才能举行。

在 5 千米和 10 千米环圈赛中，裁判委员会发现运动员的成绩优异，经大会组织委员会同意，也可举行。

1 千米速度赛往返行驶 1 次，转弯时间不得超过 3 分钟，否则取消该次航行。

1 千米速度赛可以航行两次，两次航行之间的间隔时间不得超过 20 分钟，否则取消该次航行权利。

两次航行中取最高一次的平均时速（转弯时间扣除）为创纪录成绩的依据；计时准确到 1/10 秒或 1/100 秒。

计时员应准确记录当日赛艇出航、起航和到达终点的时间。

21. 竞赛纪录

创竞赛纪录的航线应布置成四边形。每一圈的长度为 1660 米（在航程标志线上测量），起终点线设在一条线上。5 千米行驶 3 圈，10 千米行驶 6 圈，15 千米行驶 9 圈。

每轮竞赛不得少于四艘赛艇，并须有相应的等级裁判员在场。

四轮航行中取其中最高一轮的平均时速作为创纪录的成绩。

22. 救护

竞赛时，竞赛场附近应停泊足够数量的救生船艇，每艘船艇上应配备救生员 1~2 人。还应备有信号旗、灭火器、绳索和撑杆等工具。

竞赛者遇险时，其他赛艇都有义务进行救护。因救护而失去得分机会者，裁判委员会可酌情给予适当的分数和奖励。

落水者不得离开本赛艇，如未受伤应举手示意。其他赛艇应离落水者 3 米以外距离航行。如碰撞落水者应追究责任。

停泊场附近应设置急救站，并配备救护人员和救护车。

23. 安全规定

赛艇出航时，艇上人员均须穿戴救生衣和护盔，违者取消该轮竞赛资格。救生衣均应有项圈，并保证有一定的浮力，当落水运动员失去知觉时，脸部应能浮在水面上。护盔应为橘红色并能对整个头部起到保护作用。所有赛艇必须备有有效的自动停车装置，当驾驶员被抛出艇舱时，该装置能立即使发动机停车，不符合规定的艇不得参加竞赛。在赛艇上固定发动机的螺丝栓应牢固可靠并备有预防松弛的装置。

禁止在机械房和有碍安全的地方起动发动机。

竞赛时，除了参加竞赛的赛艇和必须执行救护任务的船艇外，其他船艇应远离竞赛区域航行。

24. 意见

只有临场参加竞赛的运动员才能提出对方犯规方面的意见。意见书应经领队签名，在该项目竞赛结束后半小时内呈交裁判委员会。撤销意见书应在裁判委员会决定下达之前。

25. 奖励

对优胜者奖励的办法由举办竞赛的一级组织在规程中作出规定。

第十三节 环球帆船赛

一、沃尔沃环球帆船赛简介

"沃尔沃环球帆船赛"是目前全世界影响力最大的专业帆船赛之一。该赛事创立于 1973 年，当时名为怀特布莱德环航挑战赛，现在已无可争议地成为世界最高级别的环球帆船赛，被称为"航海界的珠穆朗玛峰"，每三年举行一次。这项航海马拉松赛最初鲜有人知，如今已成为国际航海界最重要的远洋帆船赛。2014—2015 赛季的赛程历时 9 个月，总航程共为 73886 千米。这是最艰苦的一项团队运动赛事，同时也是世界最昂贵的单项体育赛事。历经世界若干段严酷赛程，无论从技术还是耐力而言，对参赛者都是一个巨大的考验。

二、克利伯环球帆船赛

克利伯环球帆船赛的创办由英国人罗宾·诺克斯-约翰斯顿爵士在 1996 年提出，其初衷是基于人们日益增长的寻求冒险旅程和摆脱现有舒适生活方式桎梏的渴望。

克利伯环球帆船赛全部赛程有 3.5 万海里；赛程历时 10 个月；由英国克利伯风险投资公司（Clipper Ventures Plc.）公司组织；它是"世界上最具影响力的航海赛事"。

三、中国司南杯帆船赛

中国司南杯帆船赛创办于 2012 年，场地赛位于三亚亚龙湾举行；往返拉力赛全程 300 海里，中点设在南海北礁。

四、中国帆船环球主要人物介绍

1. 翟墨

"中国帆船环球航海第一人"翟墨（1968—），航海家、艺术家，山东新泰人。

2000年以来，多次自驾帆船访问南太平洋诸岛国，进行文化、艺术考察，并举办个人画展。2007年1月至2009年8月，他用两年半的时间，完成了自驾帆船环球航海一周的壮举，成为"单人无动力帆船环球航海中国第一人"。

2. 郭川

2012年11月18日"中国航海第一人"郭川在青岛扬帆起航，他驾驶一艘40英尺的帆船进行单人不间断环球航行，一路向东过太平洋，驶向好望角，随后驶向马六甲海峡，最后回到青岛。航程约合40000千米，用时125天。成功挑战该级别帆船环球航行的世界纪录。在郭川125天不间断的环球航行期间，除每天1罐红牛饮料之外，船上的海水淡化系统是其全部饮用水的来源。

当地时间2016年10月18日，郭川从旧金山大桥出发前往上海，进行单人不间断跨太平洋创纪录航行。但北京时间10月25日，他航行至夏威夷附近海域时，与团队失去联系，至今下落不明。

思 考 题

1. 简述皮划艇的发展历史。
2. 简述海水泅渡时的注意事项。
3. 简述摇舢板时橹的操作方法。
4. 水底功又称为什么？简述水底功在舟山群岛的由来。
5. 简述帆板帆船运动的动力来源。
6. 简述滑水运动的分类。
7. 海泳时的注意事项。
8. 简述冲浪时的注意事项。
9. 简述驾驶摩托艇的注意事项。
10. "海上马拉松"比赛指的是什么比赛？并作简单介绍。
11. 简述"中国司南杯帆船赛"的起源、路线和意义。

第六章　海空类海洋体育项目

> **教学目标**
> 本章节主要学习和掌握海空类海洋体育项目运动起源、注意事项、运动技巧等内容；涉及项目有海上牵引伞、海上蹦极、海上蛟龙等。

海空类海洋体育项目以发生在海平面上的天空为主；活动项目的来源是从西方国家引入的，这些项目随着科学技术的发展而出现的，科技含量相当高，项目的特点具有新奇、惊险、刺激等特点。

第一节　海上牵引伞

一、简介

海上牵引伞是借助海面上牵引装置（如摩托艇或汽艇）动力拖拽升空的降落伞，并借助风力迎风而上的空中飞伞，将人连同伞一起拉上天空，就像被放飞的风筝，摩托艇或汽艇拖拽升空时，用规定长度尼龙绳作牵引绳，一端连接在汽艇受力件上，另一端连于牵引升空伞的三角扣上。

二、准备

升空前，牵引绳处于拉直松弛状态。届时，准备升空人员穿好背带系统，并配挂好伞衣系统，迎风站在空旷的平地(或沙滩、水上平台或海面上)上，由两人协助撑起伞衣两侧稳定幅，做好升空前伞衣充气等准备工作，随后摩托艇或汽艇启动并加速前进。

三、升空

升空人员随牵引绳张紧程度加速跑动，左右撑伞员同时撒手放掉伞衣。当人伞系统达某一相对速度时，牵引升空伞载人因空气阻力而自动离地升空，随着牵引装置速度增加，升空人员也不断随之升高，最高可达 70~100 米，是一项兼具跳伞与飞行特色的休闲运动。在牵引过程中，工作人员还会把快艇速度降低，使升空者尽可能接近水面，在众人面前施展一下"踏水浮萍"的轻功（图 6-1）。

图 6-1　海上牵引伞

近年来在国内沿海城市的海滩十分风行海上牵引伞活动，因其乘坐危险系数小、难度低而广受喜酷爱炫的极限运动爱好者欢迎。

海上牵引升空伞可供专业跳伞人员训练跳伞，亦可供体育爱好者及旅游者娱乐跳伞或空中观光。牵引升空伞在规定环境条件下使用，安全可靠，能适应非专业人员娱乐观光。

第二节　海上蹦极

一、简介

蹦极跳被称作是勇敢者的运动，是对人心理承受极限的一种挑战。

我国目前在北京、上海、广州等许多城市都可以玩蹦极，而海上蹦极却不多见（图 6-2）。

(a) 大连星海公园海上蹦极　　　　　(b) 南戴河海上蹦极

图 6-2　海上蹦极

二、分类

"蹦极"是指游客或游客乘坐物依靠弹性绳或其他弹性件的伸缩，产生弹跳运动的游乐设施，包括高空蹦极和弹射蹦极。而海上蹦极则指海面上的蹦极活动。蹦极分为"桥梁式""悬崖式""搭架式"和"火箭式"4类。也可分为"硬式"和"软式"两种："硬式"蹦极，即用绳索系在脚踝处，头朝下跳下；"软式"蹦极即将绳索系在腰间，另将海绵包裹在绳索之外施以保护。

三、海上蹦极的技术要求

1. 蹦极塔台

自然高度不超过 80 米，蹦极平台长度不小于 3 米，宽度不小于 2 米，蹦极跳台臂长度不小于 12 米。蹦极绳垂直状态投影点距周边障碍物半径不小于 12 米。蹦极绳垂直状态投影点的底部水深不小于 4 米。有清晰、醒目的水深标识，并有隔离带。有安全护栏、防滑设施、防护网，且蹦极台出口设置拦挡设施。

2. 平台

平台台面应有防滑措施；高空平台弹跳口应设置可开合的拦挡物；高空平台

应有用于安全背带或安全带的固定装置，且有足够的强度；高空弹跳点平台区域中间应设置向下的观察孔或观察窗；对于回收设施，回收绳与跳跃平台的水平距离不小于 400 毫米；用于冲击绳、回收绳和定滑轮等设备的悬挂或固定装置应牢固可靠。

3. 弹跳空间及着陆区域的要求

（1）高空蹦极的弹跳空间及着陆区域的要求：反弹最高点与平台下缘竖向距离应不小于跳跃高度的 7%，并不小于 2 米。

（2）底部安全距离（下落最低点距着陆区域的安全空间）：当跳跃高度≤40 米时，竖向距离≥3 米；当跳跃高度>40 米时，竖向距离≥4 米。

（3）跳跃区前向安全距离：当跳跃高度≤40 米时，向前跳跃距离≥7.2 米；当跳跃高度>40 米时，向前跳跃距离≥10.2 米。

（4）跳跃区后向安全距离：当跳跃高度≤40 米时，向后跳跃距离≥9.6 米；当跳跃高度>40 米时，向后跳跃距离≥12 米。

（5）跳跃区侧向安全距离：当跳跃高度≤40 米时，侧向跳跃距离≥9.6 米；当跳跃高度>40 米时，侧向跳跃距离≥12 米。

4. 着陆区域的要求

接应点在海面上，应是安全海域，有救生观察台、救生船、救生圈、救生杆和救护板，接应船上应设置面积不小于 1.5 平方米的防护垫。

5. 对弹性绳的要求

（1）弹性绳的材质应为天然橡胶、人工合成橡胶或适合于做弹性绳的混合物，弹性绳生产厂家应提供材质报告。

（2）弹性绳生产厂家应提供弹性绳产品合格证书及使用说明书。其内容至少应包括：弹性绳的无载长度、使用载荷和拉伸率范围、断裂强力及断裂伸长率、使用次数、报废断丝比例、保管及存放要求、制造日期、使用终止日期及二道保险绳的长度等。

（3）弹性绳产品必须做型式试验，并提供型式试验报告，型式试验由国家特种设备安全监察机构指定的检验机构进行，弹性绳最大使用次数应根据型式试验数据确定。

（4）海上高空蹦极的弹性绳在弹跳者设计载荷范围下其最小伸长量应不小于无载长度的 2.5 倍，对所有形式蹦极的弹性绳在最大动载荷下最大伸长量应不超过无载长度的 4 倍。

（5）弹跳者所承受的加速度应不大于 4g（g—重力加速度）。

（6）弹性绳须装有二道保险绳（带），其拉直长度应大于弹性绳的有效拉伸量，高空蹦极二道保险绳（带）拉直后应保证跳跃者离接应点不小于 3 米，二道保险绳（带）的静载安全系数应不小于 10，小型蹦极可不加二道保险绳（带）。

（7）海上高空蹦极弹性绳上应标注使用载荷。

6. 操作员要求

海上高空蹦极操作人员（包括教练员）必须经过国家特种设备安全监察机构授权的机构进行专业培训考核，取得相关资格证书后方能上岗。高空蹦极和塔架高度不小于 10 米的弹射蹦极每台（套）设备使用时至少配备 2 名蹦极教练员。

四、注意事项

（1）蹦极对身体素质要求较高，凡是有心、脑病史的人不能参加。

（2）凡是深度近视者要慎重，以免因快速下坠造成视网膜损伤。

（3）跳下前应充分活动身体各部位，以防扭伤或拉伤。

（4）着装要尽量简练、合身。

（5）跳出后要注意控制身体，不要让脖子或胳膊被弹索缠绕。

第三节　海上蛟龙

一、简介

该运动使用的是一种叫"喷射式悬浮飞行器"的装置，也称为"喷水飞行背包""喷射背包"（jetpack）、"水上飞人""海上蛟龙"等。

二、起源

喷射悬浮飞行器（图 6-3）由加拿大华裔人士雷蒙德·李发明的。

（a）喷射式悬浮飞行器外观　　　　（b）喷水飞行背包

图 6-3　喷射悬浮飞行器

三、结构特点

喷射悬浮飞行器的主要结构是一个轻型玻璃钢外壳的背囊，通过伸进水里的水管来吸水。背包造型奇特，连有一根 10 米长黄色输水软管，软管另一头连接发动机组。发动机组安装在一个类似于船的装置上，可漂浮于水面。

四、技术原理

起飞时，使用者背好背包，坐在发动机组上。启动开关，背包底部喷射两道高压水柱，把人推向空中。发动机组由输水软管拖动，随使用者在水面滑行。其原理是用高压水枪作为推动力的设计方式，推重比（推力/重量）是喷气式战斗机的 3 倍，可以产生 1.9 千牛的推力，能让飞行员达到 35 千米/时的速度和 9 米高度，最快时速为 100 千米/时，可续航 1 个小时。

五、运动技巧

运动员手动控制水压让飞行员在空中做出精巧的动作，通过向下喷射高压水柱的方式将操控者托举在水面上空，做出诸如转弯或盘旋一系列高难度动作，使用喷射悬浮飞行器能让人产生失重感，同时也能体验空中翱翔、悬浮的刺激。

喷水飞行背包安全、稳定、好用、好控制，可在世界各地的旅游胜地供游人使用，也可用于水上救援、海上巡查甚至维和任务中，也有人用传统喷气方式做个人自助飞行器。

思 考 题

1. 简述海上牵引伞的注意事项。
2. 简述海上蹦极的注意事项。
3. 简述海上蛟龙的工作原理和用途。

第七章 岛礁岸（码头）海洋体育项目

> **教学目标**
> 岛礁岸（码头）海洋体育项目运动起源、注意事项、运动技巧等内容；涉及项目有攀缘绳索、拎石锁、举石墩、海钓、海岛野外生存等。

岛礁岸（码头）是从渔民出海拢洋后补充物资、修整渔船或渔具依靠的地方；岛礁岸（码头）海洋体育运动项目主要是从此处演变而成；岛礁岸（码头）海洋体育运动项都是渔民在岛礁岸（码头）时的日常劳作和活动，在劳作时，为了活跃劳作氛围，加快劳作进度，想出了以劳作内容为竞赛对象，就有了攀缘绳索、拎石锁、举石墩、海钓等项目。这些项目是海岛和沿海居民特有的劳动竞赛项目。由此而成为海洋民俗体育项目。项目的特点是带有明显的渔民生产劳动和生活特性。

第一节 攀缘绳索

攀缘绳索又称爬缆绳，"攀缘"的含义是指援引他物而上，有牵挽的意思，也即攀拉援引。《三国志·吴志·吾粲传》记载："其大船尚存者，水中生人皆攀缘号呼。"清刘大櫆《游凌云图记》云："于是携童幼，挈壶觞，逶迤而来，攀缘以登。"

当渔船未相靠渔港码头时，无小舢板摆渡时，渔民只得攀拉连接船上和码头缆桩上的一条绳索上下船，称之"攀缘绳索"。

旧时，渔船出海靠岸后，渔船停泊在港湾中需要抛锚或系缆绳于码头或岸边的岩石上，渔民下船需要通过四种方式才能上岸：一是通过小船摆渡；二是用连接码头与渔船间的跳板；三是利用缆绳（系于码头或岸边的岩石上）攀拉援引爬岸上；四是从渔船下海游回岸边（图 7-1）。如果没有第一和第二种方法时，渔民都会选择第三方法上岸；这个方法久而久之就形成了海洋民俗体育的一个项目。这个项目要去—要胆大，二要灵巧，三要有耐力。以到达船上（或岸上）的时间最短促者为胜。比赛的内容均来源于渔民日常生产生活。

(a) 爬缆绳　　　　　　　　　(b) 爬缆绳比赛

图 7-1　攀缘绳索

第二节　拎石锁（举石墩）

20 世纪 50 年代前渔民用泥砣或石砣挂网下沿用作沉子，泥砣用黏土烧制，其形圆，石砣用石块凿成，似石锁，也称作石大刀；在渔港码头上，可以看到做渔船大网的网坠或压舱石之用的石锁，又称石砣，在空船时，船的整体重心在水面以上，极易翻船。为此空船航行时都备有"压舱石"，以免翻船；装货时卸掉。早年用石头压仓。石墩，又称石大刀。渔民在岸上劳作之余，常常用此作臂力锻炼，或举行比赛，获胜者称为大力士，类似于民间举重比赛（图 7-2）。

(a) 拎石锁　　　　　　　　　(b) 石锁

图 7-2　拎石锁比赛

石硪主要用麻石或青石制成，轻的 10 千克，重的可达 35 千克，开始专练提托。先以一手握其簧，提至胸次，折腕向上举，不断托举，以练臂力。然后握锁由下向前平提，或向旁侧平提，提至锁与肩平为度，以练臂之悬劲。有了一定基础之后，则进而练习翻接盘腰等法。

翻接即提锁翻起，猛力上掀而脱手，使石锁在空中翻转，或两三次翻而接住。初学者不必求其多转。

前面翻接极熟之后，则练旁侧翻接，之后可以联系抛接石硪。待石硪落下时，用拳面迎其居中之处，停留片刻可使石硪下落，从上面抡接其簧，再抛再接。开始时，可用拳顶，之后可以连用手背、小臂、肘节、手指顶接，动作要领相同。等上述技巧练习熟练后，就可以练习背花。背花有左右之别：右背花则以右手提锁，从右腰后向左肩处上抛，略扭身向左，而从左肩之前回接锁；左背花反之。练习背花时要注意身体各部分协调运动、发力并应注意自我保护。最后，就可以练习盘腰技巧。盘腰亦分左右：右盘腰则右手提锁，从右腰处，由后转向左肋下摔去，向左旋身而接锁；左盘腰反之。其余复有背花后顶接及盘腰后顶接等技巧。

根据《少林拳谱》记载七十二艺名称中就有"石锁功"。

第三节 海 钓

海钓（图 7-3），即依据海洋中各种鱼类生活的海域环境形态，配合其生活习性、季节与气候因素、觅食习性等，采取有效的方法，以钓具和饵料诱钓。

海钓是休闲也是运动，一是既刺激又富有乐趣；二是还能锻炼身体。一名优秀的海钓手，不仅要具备丰富的海钓知识，同时还要熟练攀岩、登山、航海、游泳等技能以及充沛的体力。

图 7-3 海钓

海洋与淡水自然环境差别较大。第一，是海洋有暖、寒流。许多海鱼都有随季节流游动的习性，季节流还会带来大量有机物和浮游生物，尤其寒暖流相遇之处，更是海鱼觅食的最佳场所。第二，海洋有潮汐的涨落。海水涨潮会把大量的有机物质和鱼带到岸边，此时更有利于垂钓；落潮后，则一般不宜垂钓。第三，早、晚海面相对平静，适宜垂钓。海上白天易起大风浪，甚至会危及垂钓者的安全，不宜垂钓。

一、海钓鱼竿

竿的不同是海钓与淡水钓的主要区别之一。不过海竿目前在淡水垂钓中亦广为使用。海竿不论何种质地，都应有较强的硬度，并且都需配备绕线轮。因为竿梢与竿体颜色有区别，更有利于视线观察。而不带颜色的海竿就不具此优点，在阳光照射的情况下容易花眼，一般竿梢以黄色或白色为好。

二、投抛方式

根据海竿的特点，主要有以下几种投抛方式。

（1）上投式。两脚分开，脚往前站，身体重心偏至左脚，左手握线、坠。以40°~50°为最佳，右手挥竿，左手将线坠抛出。采用此法则坠、线摆动幅度小，落点准确，简单易学。

（2）斜投式。左脚后退半步，左肩后偏，双手同时握住海竿，竿与水平面呈45°角。左手食指压住鱼线，重心落在右脚，竿梢从右手方往前挥。鱼坠通过头顶时，放开鱼线，使钩坠自然落入水中。此法不易掌握，需多次反复练习，一旦熟练后则可投远，目标准确，操作方便，尤其适合海钓。

除此之外，还有侧投（投坠线的中线居于上投和斜投之间）、单臂投、坐投、跪投等多种方式。

三、海钓鱼线

海钓鱼线应稍粗，直径都应在0.5毫米以上，线长60~70米，分母（主）线、子（脑）线。因海上风浪较大，浮漂的传递信息作用不大，海钓中可省去浮漂，凭手中的颤动感或视觉来直接判断。

四、海钓钓钩

海钓的钓钩应准备多枚，以适应不同鱼种的需要。

五、海钓鱼坠

海钓的坠大多为活动式的，鱼吞钩后线自由牵动竿梢，鱼坠宜偏重。海竿中也有用死坠，各式诱鱼器一般为死坠。

六、海钓绕线轮

海洋面积广、水体深，要求较长的鱼线。为了方便垂钓者配备及调整鱼线长短，绕线轮应运而生。绕线轮是海竿和海钓必备的工具，运用愈加广泛。绕线轮可分为电动式绕线轮、密封式绕线轮和旋压式绕线轮、盘式绕线轮和袖珍式绕线轮等品种。

电动式绕线轮采用电机操作，方便而准确，鱼上钩后自动收线拉鱼；但电动式绕线轮体积很大，携带不方便。旋压式绕线轮操作亦很简单，收线速度快，体积适中，是广为使用的一种绕线轮。

七、选择海洋钓位的方法

选择好了钓场，还需确定具体的钓位。海洋自然环境更为复杂，考虑钓位综合多种因素，但有几条普遍适用的原则。

（1）应尽量选择去海里钓，避免浅滩。浅滩上日光充足，大多数鱼儿都有避光性，一般只有夜间和早晚在浅滩活动。

（2）在海湾垂钓应选择滞水区。内海中的滞水区，包括河流入海口、生活码头、防波堤等。这些地方水底淤泥或沙石较多，水流缓慢、饵料丰富，一般鱼儿较多。

（3）岩礁垂钓应选择面向海潮冲击的一面，即通常所说的"潮表"。潮表带来丰富的浮游生物，与岩石撞击时又会将氧气溶入水中，所以潮表亦是理想的钓点。

八、海洋垂钓的方式

按照方式的不同,海钓可分为海洋底钓、海洋浮钓和海洋戏钓。

海洋底钓就是使用组钩,在钓组的尾部挂上铅坠,将钩、饵直接坠入水底的一种钓法,多用于垂钓底层鱼类。

海洋浮钓就是选用重量合适的铅坠,与浮漂的浮力合理配比,能使钩、饵恰好悬浮于水中的钓法。浮钓适宜垂钓中上层鱼类,如竹鱼、金色小沙丁鱼等。

海洋戏钓如淡水戏钓一样,不必用浮漂与鱼坠,仅用海竿配以拟饵或活的小鱼虾,由鱼线拖拉在水面快速扰动,吸引游速较快的表层海鱼前来捕食。

九、海水船钓的方式

海水船钓有定点钓、放流钓和拖曳钓几种常用方式。

若近海区有人工渔场、海藻区或礁石群等优良钓位,垂钓者可驱船至这些场所,将船抛锚进行**定点钓**。定点钓即用一般的垂钓方法,对象主要为近海底栖鱼类,如石斑鱼、黄鱼、海鳗、乌贼、章鱼等。

放流钓就是垂钓者居于船上,任由船随波逐流,鱼饵、鱼钩也在水中漂流,引鱼上钩。主要对象有带鱼、小黄鱼、海鳗等。

拖曳钓适于垂钓游速很快的大型鱼类,鲨鱼、金枪鱼、鲣鱼、旗鱼等。拖曳钓需速度很高的快艇载着垂钓者,辅以电动绕线轮进行。小艇高速行进时,由垂钓者握钓竿,拖着特制的钓组,粗线、大钩、"飞机"浮漂等,所以名为拖曳钓。

十、钓饵的制作

活虾是最常用的海水钓饵料,它们体形小,生命力强,易采集和保存,是多种鱼类,尤其是名贵鱼种所喜爱的食物。常作作为饵料的活虾有斑节虾、沙栖对虾、沙虾、白虾等,个体大小以10厘米以内为最佳。虾分布在沿海的浅滩上,采集、捕获的方法很简单。

采集活虾时应准备捞虾网,设于海岸边,其间撒上剩饭菜作为诱饵,这样一次可有较多活虾入网。

保存活虾的方法也比较简单。找一较大容器，底铺 2~5 厘米厚的细沙，加入干净海水，放入虾，再在容器口蒙上细纱布即可。要注意：海水应能刚好没过虾的背部，容器口的纱布亦需有小孔，以利于虾的呼吸，同时防止其跳出，每天应换两次水。

垂钓时可将虾装入虾篓扎在海水中，现取现用。挂虾上钩时，对个体偏大的虾，钩应穿过其眼角的后钩额刺基部，这样可使虾在水中自如游动；个体偏小的虾则应将钩穿过其尾节，这样可保持饵的鲜活，亦能使虾自由活动，提高上钩率。挂虾时，应露出钩尖。

选用活鱼作钓饵，主要应选择体形小、体色呈银白色的鲻鱼、弹涂鱼等。它们大多易捕捞，易被大鱼发现，也是广大钓鱼爱好者常用的钓饵。

捕获鲻鱼、弹涂鱼，应充分利用其趋光性，选择夜间涨潮的时候，在水面设密网，以明亮灯光诱鱼，然后捕捞。将活鱼装钩时，可有颚挂、眼挂、背挂和捆扎法等。颚挂即将钩穿过鱼上颚；眼挂穿钩的部位在鱼眼旁的腮盖上；背挂法应将鱼钩扎进鱼背上的鳍中；捆扎法适用于个体大、性凶猛的鱼类，即将钩尖扎过鱼腹部，并从钩柄处伸出线将鱼从尾部绑死。

总之，将活鱼穿钩时，在保证牢固的前提下，应尽量避免伤害鱼的肌肉和内脏，使其能够继续在水中自由活动，并能在较长时间之内存活，以提高上钩率。

十一、海钓的影响因素

海钓主要有 3 个影响因素：潮汐、风力和风向。涨潮时海水带动鱼涌向海岸，有利于海钓；风力在三四级时最有利于海钓；风从海洋吹向陆地（逆风）时有利于海钓的进行。

十二、海钓的安全事项

（1）出发前一定要确认天气预报，要有随时中止出发的决心；海钓进行途中天气转变，要懂得及时撤退，才是最有勇气的海钓人。

（2）船钓、矶钓，从出海开始就一定要穿好救生衣，以防不测。去海上钓鱼的时候，存在着落水的危险，有的人认为自己水性好，就对此不以为然。其实不然，海浪、旋涡、礁石，包括突变的坏天气，随时存在着很大的不可预知性。突发的大浪（比较形象地称为"疯狗浪"）甚至是稍微的脚下打滑，都可能给海钓者带来伤害。首先要保护自己，保持清醒的头脑，沉着冷静，避开岩石的撞击和割伤；万一掉进水里，首先尽量向大海深处游去，以免被浪打入礁石；招呼同伴；然后就是求救和自救的问题了。海浪礁石的情况，一定要观察清楚，根据情况同伴是否要为落水者提供进一步的助浮物，比如我们海钓时带的冰箱；联系船家和请求救援。

（3）在矶钓的时候，一定要穿上矶钓专用钉子鞋（防滑）。救生衣和钉鞋是矶钓必需的装备。

此外，各种电子通信设备、求救设备、紧急电话也要在出发前确认有效、畅通。

第四节　海岛野外生存生活

岛屿向求生者提出一系列新的挑战，尤其是那些资源匮乏的孤岛。为了征服困难，应彻底搜索岛上可供利用的资源，使日常生活按稳定的模式有序地运转。登上制高点，大致了解一下全岛的地貌，绘制一张粗略的地形图。留心搜索海岸线上每条小溪、石缝、水湾和沙滩以及岛屿上每一片角落，直至胸有成竹。如果岛上曾有人居住——遗居可供初步的扎营之所；篱笆上的捆线及其他材料可用来修补船只或建房；可能仍有蔬菜生长。老鼠踩着救生者的脚跟到处疯跑——有时它们是唯一能找得着的野生动物。有了住所，生存会方便得多，即使地面上的废墟也能提供某种程度的保护。如果发现有洞穴可以安身，要记住那些看上去很安全的洞也有被潮水淹没的可能，甚至还有可能被比平常上涨许多的潮水切断退路。

一、海岛野外生存生活的起源

最早的海岛野外生活生存方式可以追溯到五六千年前河姆渡人登岛定居。河姆渡人为了能在恶劣的自然环境中生存和发展，不得不利用海岛的各种资源，寻求各种赖以生存的方式，他们自己制作独木舟，驾驶独木舟划向深海，到达舟山群岛等外海岛屿，进行海上捕捞和海贝采集。

　　1941 年，库尔特·汉恩在英国成立了第一所"海上生存训练学校"，并以"Outward Bound"作为注册商标——其寓意为"一艘孤独的小船，离开平静的港湾，去迎接暴风雨的考验"。学校利用一些自然条件和人造设施，让海员专门进行一些有关海上遇险的求生训练，以训练他们的心理素质和掌握遇险的生存技能，提高他们在身处险境时的生存能力。后来证明，经历过各种海上生存训练的海员遇险生还的概率比没经过训练的海员明显要高，这种训练也逐渐引起了军队的兴趣。

二、国内海岛野外生存生活概况

　　国内开展海岛野外生存起步较晚，最早开展研究的是厦门大学和浙江海洋学院两所高校。2003 年 6 月，厦门大学启动了海岛生存生活训练，并在大兔屿和大离浦两个岛屿建立了学校训练基地。2005 年 12 月，厦门大学组织 31 名学生在距离厦门岛 100 千米外的海岛上成功地完成了海岛野外生存训练科目。

三、海岛野外生存生活的目标

1. 参与目标

　　海岛野外生存是一种行为，也是一种能力，更是一种精神。通过海岛野外生存训练，能够培养一种生存的技术和技能，教导人们如何处理人与自然、人与人、人与集体的关系，懂得人在整个自然界中的角色，从而帮助人们形成正确的世界观和人生观，促进社会化进程。

2. 技能目标

　　熟练掌握海岛野外生存的基本知识、技术、技能和常见运动创伤的处理方法；且学会做人、学会学习、学会生存、学会共处的目标。

3. 身体健康目标

　　通过参与海岛野外生存，有效提高参与者的身体素质、全面发展体能，养成良好的行为习惯，形成健康的生活方式，造就健康的体魄。

4. 心理健康目标

海岛野外生存能改善心理状态，克服心理障碍，养成积极乐观的生活态度。培养健康的心理素质和积极进取的人生态度，增强团队精神和竞争意识。

5. 社会适应目标

海岛野外生存能让活动者培养良好的体育道德和合作精神，正确处理竞争与合作的人际交往关系，增强自然和社会适应能力，为今后走上社会、适应社会打下良好的基础。

四、海岛野外生存生活的作用

开展海岛野外生存有利于体育旅游业的开发和海洋民俗体育的传承。旅游产业是一种无污染、可持续发展的产业，在带动国民经济增长中起到了不可替代的作用。目前，旅游产业已经开始从观光型转向体验型，"3S"和"3N"［Natural（自然），Nostalgia（怀旧），Return native（回归乡土）］成为旅游产业的主要元素，这不仅迎合了现代人求新、求异、求知的现实需要，也满足了现代人的寻根、健身、体验和参与的心理需要。海洋体育旅游由于依托资源的生态性、参与过程的互动性、挑战性和刺激性，参与者的多种体验需要都可以在海洋活动过程中得到实现与满足。

五、海岛野外生存的装备

1. 帐篷

选择帐篷的原则包括材料结实、耐磨、结构轻便、设计合理。

帐篷是野外住宿和休息必不可少的装备。帐篷的主要功能是防风、御寒、避免昆虫及小动物袭扰，保证使用者能够得到良好充分的睡眠，对保持使用者的体力起着至关重要的作用。

（1）帐篷的种类。帐篷种类繁多，依其形状来分，可分为"人"字形帐篷、蒙古包形帐篷、六角形帐篷、屋形帐篷等；依用途来分，又可分为高山帐篷、低山帐篷、旅游帐篷、军用帐篷等；依其布料来分，则包括帆布帐篷、尼龙帐篷、防水棉布帐篷、合成纤维（树脂）帐篷等；依其支架的材质，又可分为金属杆帐篷、尼龙杆帐篷、玻璃钢杆帐篷、铝合金杆帐篷等；从帐篷的结构上来分，还可将其分为单层、双层、复合层等诸多种类；根据帐篷的使用人数，可分为单人帐篷、双人帐篷和多人帐篷。

（2）帐篷的选择。帐篷主要由内外帐、支架、帐底、辅配件 4 部分构成。选择帐篷时，应该重点注意以下几个问题。

在海岛野外生存生活时，不同季节、不同的地理环境，对帐篷有不同要求和选择，以适合对抗恶劣天气的能力，同时，选择帐篷不能只追求其轻便程度，还应该考虑到其空间大小、底面积、强度和休息睡觉的舒适度。帐篷的颜色最好是暖色调，这样就不容易与外界环境的颜色相混淆，便于外界与自己的识别。

（3）帐篷的保养。帐篷的保养是很重要的。在使用时，一定要注意防火，在帐篷内绝对不能野炊和用火，炉具要防止锐利的物体划刮帐篷，同时还要注意不能超容量使用。使用后，不论是否遇到雨水天，都一定要晾晒干，存放时要放在干爽的地方，否则，就可能会因为潮湿发霉。

2. 睡袋

睡袋是专门为野外睡眠、休息、保暖而设计的，是海岛野外生存必不可少的装备。睡袋选择得是否合适将直接影响参与海岛野外生存者精神状态和体力状况，因此，要根据参与活动的具体情况，如海岛气候、野外生存情况、携带性等情况而具体选择合适的睡袋。睡袋分木乃伊型、长方型和似长方型。

3. 露宿袋

露宿袋是一个非隔热、完全防水的袋子，典型的露宿袋可以提升约 10℃左右的舒适度，大多数的露宿袋会有一个防昆虫的网子，气温很低或降雨时不能长时间使用，除非袋子的密保暖和防渗性相当好，偶尔遇到受伤无法动弹或迟归需露宿的情况，使用露宿袋或求生毯，此类可以维持自身的热能。

4. 防潮垫

防潮垫，在海岛野外生存露营时相当重要，除了防潮，同时具备防硌和保暖功能。

5. 炉具

进行海岛野外生存活动时，可以使用专用炉具制作食物。这些炉具重量轻、体积小、便于携带、使用方便、快捷、安全等特点，而且非常环保。

炉具种类，从燃料来分，可分为气体炉具、固体炉具和液体炉具。

在海岛野外生存时，一般都会选择比较实用的炉具。选择炉具最大的考量是，一是重量，二是高度，三是温度，四是燃料的燃烧能力。

6. 服装

海岛海洋性气候具有湿度高、海风大、海浪猛、光照强等特点，而海岛野外生存在这样的环境下活动，穿戴的服装应具有防水、防风、保暖、透气、轻便、速干、耐磨、结实等性能。因此，参加海岛野外生存在服装选择上应尽量选择"冲锋衣""冲锋裤""风雨衣"等服装。

7. 鞋子

海岛野外生存活动的区域或活动范围一般会在沙滩、礁石、砾石沙滩、山坡等地，因此，在参加活动时应根据不同的地形选择不同的鞋子，以便更好地保护自己的双脚，如在沙滩可穿"人字拖"，在礁石、砾石沙滩可穿"溯溪鞋"，登山时可穿"登山鞋"。

8. 刀具

刀在海岛野外生存时有很大的用处：救护伤员、制作食物、自我保护时都可以用到。海岛野外活动使用的刀具主要分为便携多功能型和丛林型。因此，一把好的海岛野外生存的刀具应是刀刃锋利，不易卷刃；刀尖能刺、挖、划；刀腹能切、剁、砍；刀背多齿，能锯、拉；刀柄不滑，刀具不易生锈或被海水腐蚀；在海岛野外生存时要时刻携带刀具，遇到紧急时可随时使用。

9. 渔具

海岛野外生存活动渔具是必不可少的生存工具，海岛渔业资源丰富，岛外有海，岛内有河，鱼虾贝类海鲜众多，制作和利用现成的渔具在海上、海边进行捕鱼拾贝，是海岛野外生存食物的最好来源。

（1）钓鱼（见海钓篇）。

（2）网具：专用的有手抛网和粘网。

蟹笼：一种用于捕蟹的网状工具，由铁质框架和聚乙烯编织网构成，蟹笼上框架和下框架设有连接柱，支架两端设有连接孔，支架经连接孔、连接柱与上框架和下框架相连接,立体框架各侧面的网分别形成引诱口,立体框架内设有吊饵绳、饵袋,底面或顶面的网上有出蟹口。螃蟹闻到诱饵后,会沿着诱口爬入蟹笼内,就很难再出来了。

泥马:滩涂上拾贝壳类(具体见"赛泥马")。

10. 取火工具

在海岛野外生存活动过程中,火种是必不可少的工具之一。一般环境下携带打火机和火柴就可,但在海岛上气候比较潮,要注意做好防潮、防湿工作。

11. 救生衣

救生衣(图 7-4)又称救生背心,用于救护生命。设计类似背心,采用尼龙面料或氯丁橡胶(NEOPRENE)、浮力材料或可充气材料,反光材料等制作而成。一般使用年限为 5~7 年,是船上、飞机上的救生设备之一。一般为背心式,用泡沫塑料或软木等制成;具有足够浮力,使落水者头部能露出水面。

使用方法:将救生衣口哨袋朝外穿在身上;拉好拉链,双手拉紧前领缚带,缚好颈带;将下缚带在前身左右交叉缚牢;穿妥后检查每一处是否缚牢。

图 7-4 救生衣

12. 通信设备

通信设备是海岛野外生存时联系外界或相互间联系的通信工具。可以使用具有 GPS 定位功能的手机,有必要时可以配备对讲机。此外,通信设备的防潮、潮等工作可以由专人负责。

13. 缆绳

缆绳用于系结船舶的多股绳索。要求具备抗拉、抗冲击、耐磨损、柔韧轻软等性能。海岛野外生存过程中使用的缆绳不宜太粗,其直径在 8~10 毫米,主要用于捆绑牵引物品、晾晒衣物和扎营之用。

14. 救生宝盒

除了上述大件装备,海岛野外生存还应该准备一个装有各种小零件的救生盒,其中包括火柴、蜡烛、打火石、放大镜、针线、钩和鱼线指南针、灯、套索线、锯条、小瓶、必要的药品、手术刀片、蝴蝶结以及避孕套。

六、海岛野外生存生活的主要食物来源

海岛野外生存生活活动多数可以提供充足的食物来源，海藻、鱼、贝壳类、鸟类、软体动物以及各种浮游生物等都可以作为食物。

沙滩上主要食物：股窗蟹、沙蟹（也称鬼蟹）、寄居蟹、滨鹬、海螺、沙蛤。

滩涂上主要食物：招潮蟹、旁元蟹、跳跳鱼（弹涂）、海瓜子、泥螺、蛏子、蚝蚶、蛤蜊、蚌蛤等。

礁石滩上主要食物：淡菜（贻贝）、螺类有相思螺、芝麻螺、黄螺、辣螺、佛手螺（图7-5）、鲍鱼（图7-6）、藤壶（触壳）（图7-7）、牡蛎（蛎黄）。

图7-5　佛手螺 　　　　　图7-6　鲍鱼 　　　　　图7-7　藤壶（触壳）

近海或岸边主要食物：虎头鱼、石斑鱼、黑鲷、海鳗、章鱼、红鳍笛鲷、鲈鱼、鲻鱼、黄鲷、龙王鲷（苏眉）、黄锡鲷、白立鱼梭子蟹、黄蛤蟹（青蟹）、黄菇鱼等。

海岛野外生存生活时陆地是主要活动休息之处，海岛陆地上有丰富的野菜，它们不仅营养丰富，味道鲜美，而且药用价值高，常见有马齿苋、荠菜、车前、茅莓、鸡冠菜、蒲公英等。

在采摘野菜时要注意以下几点。

（1）除非陷入绝境，否则，一定要选熟悉的植物或选与之相似的植物。

（2）不熟悉的不可凭颜色、气味、味道来鉴别是否能吃。

（3）在食用不认识野菜或果子前，应先选取一小部分放入口中细细咀嚼尝试然后吐出来，检查一下嘴或舌头有否中毒现状；然后视情况可尝试吃一小部分，

过了1~2小时后，如无中毒现象（腹痛、恶心、呕吐、头晕、视线模糊、胃肠道紊乱等），则可食用。

七、海岛野外生存技能

在海岛野外生存生活过程中，首先要学会生存，有了生存才有一切的希望，如果没有生存的手段，面临的将是恐惧和死亡。因此，掌握必要的生存技能对自己、对他人都有莫大的好处。以下介绍主要的几个海岛野外生存技能。

1. 海泳

海泳部分内容见"海泳"。

2. 漂流

在海上漂流要放松躯体，需努力保持平静。涨潮时可奋力游向岸边靠近，海水也会把你向岸推进，那样游速会很快，如果是落潮时，奋力向岸边游的话，会耗尽体力，而距离没有近反而远，因为落潮时潮水会把你向外推；当然，是否奋力游泳还要根据当时的离岸远近等实际情况。

漂流时遇到激流、暗流时具体处理方法见"常见的海洋体育风险与预防措施"。

3. 上岸

具体的上岸方法见"常见的海洋体育风险与预防措施"和"攀缘绳索"。

4. 行走

在乱石礁、砾石滩行走时要穿防滑平底胶鞋，不要赤脚。

在泥涂行走时要赤脚，向前行走时要小步走，大腿左右摇晃着走（以防止小腿被泥吸住，拔不出了），上体要前倾。应提倡就地取材，用木板、树枝、一截木棍等轻便、能增大面积的物件铺在淤泥上，采用移砖过河的方法前进。

在行走时，一要注意观察，有否异物或落脚点的情况；二要在行走时，身体重心要稳，尽量不要做跳、跨等动作；三在必要时手脚一起用，会更安全些。

5. 筏的制作

在海岛野外生存时，筏是脱离困境或返回目的地最好、最便捷的运载和漂流工具，可制作竹筏或木筏，竹筏或木筏：吃水小，浮力大，可以在海中航行；二是稳定性好，海上行驶平稳安全，不会翻，无论大筏小筏均可撑帆随风漂流；三是制作简便，可以就地取材进行制作。

制作步骤：首先，要选择好制作筏的竹子或木头；然后对竹子或木头进行加工，加工时，用刀削去竹子或木头的表皮和枝叶；最后进行组搭。先搞好支架，在上面排好加工好的竹子或木头，一人在上，另一人在下用藤条绑紧扎牢即可。

6. 定位与测向

海岛野外生存的定向方法主要有罗盘定向法、手表定向法、日影测向法、夜间观星测向法和地物植物特征法等。

7. 野外急救

野外急救，也称户外急救。"野外无小事"，任何一个小的问题的发生，都有可能导致大的事故。尤其是在野外遇到突发性的病人或伤者，要根据不同情况采取相应的急救措施（愈快处理效果愈好），然后想办法尽快送医救治。

（1）基本原则。遇到事故时，应沉着大胆，细心负责，分清轻重缓急，果断实施急救方法；先处理危重病人，再处理病情较轻的病人，在同一患者中，先救治生命，再处理局部；观察现场环境，确保自己及伤者的安全；充分运用现场可供支配的人力、物力来协助急救。

（2）目的。抢救生命，降低死亡率；防止病情的继续恶化；减轻病痛，减少意外伤害，降低伤残率。

（3）具体过程如下。

①在做具体处理前，需观察患者全身，并掌握周围状况。判断伤病原因、疼痛部位、程度如何，或将耳朵靠近听呼吸声。尤其要注意脸、嘴皮、皮肤的颜色或确认有无外伤、出血、意识状况和呼吸情形，仔细观察骨折、创伤、呕吐的情况。

随后，更要选择具体的处理方法。尤其对呼吸停止、昏迷、大量出血、服毒的情况，不管有无意识，发现者均应迅速作紧急处理，否则将危及患者生命。在观察症状的变化中，遇症状恶化的需按急救法施以应急处理。现场要尽量组织好对伤病者的脱险救援工作，救护人员要有分工，也要有合作。

②在海岛野外活动中发生的外伤或突发病况有很多种，所以也需施以各种适

当的急救方法加以应付。

首先要维持呼吸道畅通，在做急救处理时，以患者最舒适的方式移动身体。若患者意识昏迷，需注意确保呼吸道畅通，谨防呕吐物引起的窒息死亡。为确保呼吸畅通，需让患者平躺；若有撞击到头部的也要水平躺下，若脸色发青需抬高脚部，而脸色发红者需稍抬高头部；有呕吐感者，需让其侧卧或俯卧为宜。

③在紧急处理完将患者交给医师之前，需对患者进行保暖，避免患者消耗体力，以使症状恶化。

接着要联络医生、船只、救护车、患者家属。原则上搬运患者，需在充分处理过后安静地运送。搬运方法，应随伤患情况和周围状况而定。在搬运中，患者很累，需要适度且有规则的休息，并随时注意患者的病况。

现场抢救时间紧迫，对病情危重者的救治，一要遵守急救原则，二要抓住重点。

（4）处理方式。患者体位应为"仰卧在坚硬平面上"。如果患者是俯卧或侧卧，在可能情况下应将他翻转为仰卧，放在坚硬平面上，如木板床、地板或背部垫上木板，这样，才能使心脏挤压行之有效。不可将患者仰卧在柔软物体上，如沙发或弹簧床上，以免直接影响胸外心脏挤压的效果。注意保护头颈部。

①翻身的方法：抢救者先跪在患者一侧的肩颈部，将其两上肢向头部方向伸直；然后将离抢救者远端的小腿放在近端的小腿上，两腿交叉，再用一只手托住患者的后头颈部，另一只手托住患者远端的腋下，使头、颈、肩、躯干呈一整体同时翻转成仰卧位；最后，将其两臂还原放回身体两侧。

②打开气道：抢救者先将患者衣领扣、领带、围巾等解开，同时迅速将患者口鼻内的污泥、土块、痰、呕吐物等清除，以利呼吸道畅通。呼吸道是为气体进出肺的必经之道。由于意识丧失，患者舌肌松弛、舌根后坠、会厌下坠，头部前倾造成咽喉部气道阻塞。仰头举颏法可使下颌骨上举，咽喉壁后移而加宽气道，使气道打开，呼吸得以畅通。抢救者将一手置于患者前额并下压，使其头部后仰，另一手的食指和中指放于靠近颏部下下颌骨下方，将颏部向前抬起，帮助头部后仰。头部后仰程度以下颌角与耳垂间连线与地面垂直为正确位置。

注意清除口腔内异物不可占用过多时间，整个开放气道过程要在3~5秒内完成，而且在心肺复苏全过程中，自始至终要保持气道畅通。

③看、听、感觉呼吸：患者气道畅通后，抢救者利用看、听、感觉之法3~5秒钟，检查患者有无自主呼吸。检查方法：抢救者侧头用耳贴近患者的口鼻，一

看患者胸部（或上腹部）有无起伏，二听患者口鼻有无呼吸的气流声，三感觉有无气流吹拂面颊感。

人工呼吸若患者无自主呼吸，抢救者应立即对患者实施人工呼吸——口对口（鼻）吹气2次。每次吹气时间为1~1.5秒。每次吹气量应为1000毫升。

④检查脉搏，判断心跳：抢救者采用摸颈动脉或肱动脉，观察是否有搏动5~10秒钟，判断患者有无心脏跳动。检查时应轻柔触摸，不可用力压迫。为判断准确，可先后触摸双侧颈动脉，但禁止两侧同时触摸，以防阻断脑部血液供应。

若没有脉搏搏动，可实施胸外心脏挤压术，挤压30次，挤压速度为每分钟至少100~120次。挤压气与吹气之比为30∶2反复进行。连续做5遍，再判断，检查脉搏、呼吸恢复情况和瞳孔有无变化。

⑤紧急止血：抢救者对有严重外伤者，还应检查患者有无严重出血的伤口，若有，应当采取紧急止血措施。避免因大出血引起休克而致死亡。

⑥保护脊柱：因意外伤害、突发事件造成严重外伤，在现场救治中，要注意保护脊柱，并在医疗监护下进行搬动转运。避免脊髓受伤或受伤脊柱进一步加重，造成截瘫甚至死亡。

（5）特殊情况。具体分析如下。

①被毒蛇、昆虫咬伤。在野外如被毒蛇咬伤，患者会出现出血、局部红肿和疼痛等症状，严重时几小时内就会死亡。这时要迅速用布条、手帕、领带等将伤口上部扎紧，以防止蛇毒扩散，然后用消过毒的刀在伤口处划开一个长1厘米、深0.5厘米左右的刀口，用嘴将毒液吸出。如口腔黏膜没有损伤，其消化液可起到中和作用，所以不必担心中毒。被昆虫叮咬或蜇伤时，用冰或凉水冷敷后，在伤口处涂抹氨水。如果被蜜蜂蜇了，用镊子等将刺拔出后再涂抹氨水或牛奶。

②骨折。骨折或脱臼时，用夹板固定后再用冰冷敷。如果伤到脊柱，应将患者放在平坦而坚固的担架上固定，不让身体晃动，然后尽快送往医院。

③外伤出血。在野外备餐时如被刀等利器割伤，可用干净水冲洗，然后用手巾等包住。轻微出血可采用压迫止血法，1小时过后每隔10分钟左右要松开一下，以保障血液循环。

④食物中毒。吃了腐败变质或者有毒的食物，除腹痛、腹泻外，还伴有发烧和衰弱等症状，应多喝些饮料或盐水，也可采取催吐的方法将食物吐出来。

而外地人会因吃新鲜的海鲜引起腹泻，约占40%左右，引起人们中毒腹泻的是副溶血性弧菌。这种菌主要存在于带鱼、黄鱼、乌贼、梭子蟹、海虾等海产品中。当人们食用了被其污染的未经煮熟、煮透的食物，就容易发生副溶血性弧菌食物中毒。有关资料显示，副溶血性弧菌食物中毒是细菌性食物中毒的一种，在我国分布很广，发病季节为5~11月，尤其在7~9月夏秋季节好发。其主要症状为上腹部、脐周阵发性绞痛，伴有呕吐、腹泻，每日至少5~6次。病程一般在2~4天。

副溶血性弧菌不耐热、不耐酸。人们往往贪图鲜嫩而食半生不熟的海鲜而被菌毒所击倒。简单预防措施是，海鲜尽量煮熟烧透，食用时再蘸点醋。吃不完的海鲜在下一次食用前必须加热，以预防时间较长而被细菌再活污染。

八、海岛野外生活技能

在海岛野外生存生活过程中，应掌握诸多生活技能，如何选择宿营地、如何解决饮水问题、如何解决温饱问题、如何与外界取得联系等，掌握了一定的海岛野外生存生活技能才能使自己更好地生存。

1. 宿营地的选择原则

（1）不选陡崖边或陡崖下，有石头崩塌或晚上无光线不安全容易失足。

（2）避免山谷，因山谷会有山洪。

（3）离河一段距离，因离河太近有洪涝。

（4）应选视野好的小山脊或有阳光的山坡，并且适当靠近水源。

（5）海岛风大，应选择背风地，处于风的上处，而灶、厕所应选择风的下处，这样能避免火星、烟熏和臭味。

（6）选择海滩宿营时应注意以往潮水最高潮位的痕迹，避免涨潮时被潮水侵袭。

（7）安营时最好选择靠近村庄，有应急事件可向村民求救，以防万一。

（8）建营时要观察四周有否野生动物痕迹，尽量避免伤人和损坏器材。

（9）营地建设要注意环保和卫生，及时处理垃圾。

2. 解决饮水问题

在海岛野外生存生活时用水是首先要考虑的问题，生存需要水，生活更需要水，在活动中除了自己携带水之外，还需要在活动地寻找水源、就地开发水源。

切记海水是不能饮用的。以下就是利用水源的几种方法。

（1）寻找水源。一般在海岛陆地上寻找水源，可利用谷底、背阴的岩石缝隙、干沟或干涸的河床下面、高潮位处的沙滩和砾石滩下面（稍微过滤下，烧开就能饮用）。

（2）收集水。收集水的途径主要有两种：一种是收集雨水；另一种是收集露水。

（3）日光蒸馏器。在干旱沙漠地区利用下述方法能较好地收集到水：在相对潮湿的地面挖一大约宽 90 厘米、深 45 厘米的坑，坑底部中央放一集水器，坑面悬一条拉成弧形的塑料膜。光能升高坑内潮湿土壤和空气的温度，蒸发产生水汽，水汽与塑料膜接触遇冷凝结成水珠，下滑至器皿中。

（4）植物中取水。竹类等中空植物的节间常存有水，藤本植物往往有可饮用的汁液，棕榈类、仙人掌类植物的果实和茎干都含有丰富的水分。

（5）跟踪动物、鸟类、昆虫或人类踪迹可以找到水源。

以上收集到的水，不可马上饮用。不洁净的水中经常会带有一些致病的物质，如变虫痢疾、伤寒、血吸虫、肝蛭、霍乱等有毒病菌以及腐烂的植物茎叶，昆虫、飞禽、动物的尸体及粪便，有的还可能会带有重金属盐或有毒矿物质等。所以必须要处理干净后，烧开才能饮用。主要有以下几种方法处理原水。

（1）渗透法。如果找到的水源里有漂浮的异物或水质混浊不清时，可以在离水源 3~5 米处向下挖一个 50~80 厘米深，直径约 1 米的坑，让水从砂、石、土的缝隙中自然渗出；然后，轻轻地将已渗出的水取出，放入盒或壶等存水容器中。注意：不要搅起坑底的泥沙，要保持水的清洁干净。

（2）过滤法。如果找到的水源里有泥沙混浊，有异物漂浮且有微生物或蠕虫及水蛭幼虫等，水源周围的环境又不适宜挖坑时，可找一个塑料袋(质量好、不容易破的)将底部刺些小眼儿，或者用棉制单手套、手帕、袜子、衣袖、裤腿等，也可用一个空的塑料瓶，去掉瓶底后倒置，再用小刀把瓶盖扎出几个很细的小孔，然后自下向上依次填入 2~4 厘米厚的无土质干净的细砂、木炭粉、细砂、木炭粉、细砂 5~7 层，压紧按实，将不清洁的水慢慢倒入自制的简易过滤器中，等过滤器下面有水溢出时，即可用盆或水壶将过滤后的干净水收集起来。如果对过滤后的水质不满意，应再制一个简易过滤器将过滤后的水再次进行过滤，即可满意。

（3）沉淀法。将所找到的水收集到盆或壶等存水容器中，放入少量的明矾或木棉枝叶(捣烂)、仙人掌(捣烂)、榆树皮(捣烂)，在水中搅匀后沉淀 30 分钟，轻轻舀起上层的清水即可使用。一般说来，除泉水和井水(地下深水井)可直接饮用外，不管是海水、河水、溪水、雪水、雨水、露水等都要通过渗透、过滤、沉淀而得到的水，最好都应进行消毒处理后再饮用。具体消毒呢方法如下。

将净水药片放入存水容器中，搅拌摇晃，静置几分钟，即可饮用，可灌入壶中存储备用。一般情况下，一片净水药片可对1升的水进行消毒，如果遇到水质较混浊的情况可用2片。目前，军队在野外时都采用此法对水进行消毒。

如果没有净水药片，可以用随身携带的医用碘酒代替净水药片对水进行消毒。在已净化过的水中，每一升水滴入3~4滴碘酒，如果水质混浊，碘酒量要加倍。充分摇晃后，静置的时间也应长一些，20~30分钟后，即可饮用或备用。

利用亚氯酸盐，即漂白剂，也可以起到消毒的作用。在已净化的水中，每升水滴入漂白剂3~4滴，水质混浊则加倍，摇晃匀后，静置30分钟，即可饮用或备用。

如果以上的消毒药物均没有，正巧随身携带有野炊时用的食醋(白醋也可)，也可以对水进行消毒。在净化过的水中倒入一些醋汁，搅匀后，静置30分钟后便可饮用。

如果寻找到的是咸水时，用地椒草与水同煮。此法虽不能去掉原来的苦咸，但依然能防止发生腹痛、腹胀、腹泻。如果水中有重金属盐或有毒矿物质，应用浓茶与水同煮，最后出现的沉淀物不要喝。

另外要提醒注意的是，在饮用水紧缺的情况下，一定要合理安排饮用水。

3. 生火

火在海岛野外生存生活时有很大的作用，除了能煮熟食物，还可以取暖。一般海岛野外生存生活时都携带打火机或火柴，如果出现了两者都损坏外，如何生火就是一个很重要问题和技能。下面介绍当打火机或火柴损坏后应如何生火。

（1）钻木取火法是最广泛，但同时也是最困难的一种方法。首先，找到合适的木材做钻板，干燥且质地较软的白杨、柳树等是不错的选择；再找到合适的树枝做钻头，相对较硬一些就可以；把钻板边缘钻出倒"V"形的小槽；最后，在钻板下放入一个易燃的火绒或者枯树叶，然后双手用力钻动，直到钻出火来为止。

（2）凸镜引火法。凸面镜（如望远镜片）在明亮的阳光下，都可用来聚集太阳的光线，使之照射在准备好的引火物上，便可点燃引火物。用放大镜（凸透镜）透过阳光聚焦照射易燃的引火物（腐木、布中抽出的纱线、撕成薄片的干树皮、干木屑等）取火。利用放大镜取火最为迅速的是照射汽油、酒精和枪弹的发射药或导火索，可在1~2秒内点燃引火物。此外，放大镜透过阳光聚焦照射，还可将受潮或被水浸湿后晒干的火柴点燃。

如果没有现成的放大镜，可从望远镜和瞄准镜、相机上取下一块凸透镜来代替。

（3）枪弹引火法。如果在海岛野外生存时携有弹药，就可以用枪弹射击取火。先将弹丸拔出来，倒出2/3的发射药，撒在干燥易燃的枯草或纸上。在弹壳空出来的地方塞上纸和干草，然后推弹壳入膛，贴近撒了发射药的引火物射击，即可引燃引火物取火。用信号枪在一定距离直接对准易燃物射击，也可引起燃烧。

（4）双人钻木法。这种方法的其他步骤跟钻木取火法相同，但是需要两人合作。一个人用带凹槽的木头盖子把钻轴固定在钻板上，另一个人用摩擦力较大的绳子或藤条在钻轴上缠几圈，然后快速来回拉动。

（5）简易刨子取火法。将软质木板挖一长槽，槽的前方放置易燃火绒，用较硬木条向前推动，直到火星将火绒点燃。

（6）火石取火法。这种方法是人类最早的取火方法，这种方法的使用可能是受到制作石器时迸发出火花的现象的启发。找一块坚硬的石头作"火石"，用小刀的背或小片钢铁向下敲击"火石"，使火花落到引物上。当引火物开始冒烟时，缓缓地吹或扇，使其燃起明火。需要注意的是：越是有棱角的石头打击火石效果越好，当一块硬石边缘太圆滑时，需要把它在大石上摔碎，这样就能现出尖锐的棱角。

（7）易洛魁族式取火法。由易洛魁族发明的这个装置取火效率相当高。钻轴的一端用两根绳子缠绕，绳子的另一端则固定在一个硬质横板上。钻轴的中间部位用一个硬质木轮做加速器。当把绳子缠好后用力向下压横板，就能使钻轴产生极快的转速，然后钻出火花。

（8）电火花法。如果身边的蓄电池没有坏，可截取两段不大重要的电线。两线各接一个电极，然后小心把两线的另一端互碰，激出火花点燃旁置的引火物。

（9）电珠法。手电筒的电池和电珠也可以做引火的工具。把电珠在细砂石上小心磨破，注意不能伤及钨丝，然后再把火药填入电珠内，通电后即能发火。

（10）砸手机锂电池生火。在手机电池周围放上易燃物，然后用石头砸电池生火，要注意保护自身的安全；因为被砸中的手机电池会爆炸燃烧。

（11）弓钻取火。用强韧的树枝或竹片绑上鞋带、绳子或皮带，做成一个弓子。

在弓上缠一根干燥的木棍，用它在一小块硬木上迅速地旋转。这样会钻出黑粉末，最后这些黑粉末冒烟而生出火花，点燃引火物。

在平坦的木板上磨损玻璃片，也能生热发火。待剧烈摩擦发烫时，将引火物吹燃。

（12）藤条取火。找一根干的树干，一头劈开，并用东西将裂缝撑开，塞上引火物，用一根长约60厘米的藤条穿在引火物后面，双脚踩紧树干，迅速地左右抽动藤条，使之摩擦发热而将引火物点燃。

还可用两块软质的火头或竹片用力相互摩擦取火，下面垫以棕榈树皮或椰子叶底部的干燥物作引火物。

4. 建造炉灶

（1）简易灶（图7-8）。搭建简易灶最简便、快速，也是常用的炉灶，找三块有一面比较平整的大石头相互垒成一个平整、稳定的炉灶即可。

（2）土灶（图7-9）。挖土灶也比较快速、简便；土灶一般用工具（铁锹、锄头）挖在有斜坡或土坎的土质地上，成凹型，高30厘米，宽30厘米，纵深30~40厘米。

图7-8 简易灶 　　　　　　图7-9 土灶

（3）马蹄灶（图7-10）。节约燃料、集中热量、防止走火。用石块垒砌成高约40厘米，内径约30厘米的半圆形，最上面一层向内收缩，以方便架锅。石块间留有间隙，方便通风；开口处方便添柴，并开向来风方向。

（4）八卦炉（图7-11）中心温度极高火力猛、火源维持时间长。适合时间较长、地点固定的野外生活。选择大小相近的近长方形石头，在点火地点摆成直径约 1 米左右的圆圈，石头之间要有意留出 5 厘米左右的空隙，以方便通风。第二层石头要压在底层石头的空隙上面，并稍微向圈里收缩，依此类推，七八层以后，一个高 1 米左右，上口内径约 40 厘米左右的八卦炉即可。

图 7-10　八卦炉

图 7-11　马蹄灶

九、海岛野外生存生活的安全

在海岛野外生存生活时，首先要学会生存，要警觉身边的危险因素，要观察和辨别有否危及自己生命的物种、地形和地貌。

在水中搜索前行时应该穿上鞋——临时裹脚应配上鞋底。还有各种海里动物，如遇到以下动物，要对它们保持警惕。

（1）水母。暴风雨之后经常会出现在海岸附近。有些品种的水母其蜇刺相当厉害，尤其是在热带海域。

（2）梭鱼。梭鱼的棘刺能分泌毒液。

（3）海蛇。常出没于热带太平洋及印度洋的近海海域。

（4）珊瑚。有珊瑚锋利的棱角和边线很容划伤人的皮肤。

（5）鲨鱼。尽管大多数鲨鱼在深水海域觅食。有些种也经常出现于浅海地带，甚至游溯到河流中。

（6）蜂虫。

（7）碱水湖。海岛周围或出海岸地带常常会有暗礁。暗礁围成的静水区域形成碱水湖，那里的鱼类通常都有毒。

思 考 题

1. 简述攀缘绳索的含义。
2. 拎石锁、举石墩有几种手法？
3. 简述海钓时安全注意事项。
4. 海岛野外生存时如何对帐篷进行保养？
5. 海岛野外生存时如何用火？应注意哪些事项？
6. 如何识别海岛野外生存时食物（植物性食物）安全性？求生者可以从哪些途径来获取食物？

第八章　船上类海洋体育

> **教学目标**
> 学习船上类海洋体育项目运动起源、注意事项、运动技巧等内容；涉及有攀桅、车锚、抛缆、舟山船拳、跳水、龙舟竞渡、船头拔河等项目。

船上海洋体育项目主要指活动地点在船、舟、艇、筏等发生的体育活动，主要活动内容有攀桅、车锚、抛缆、舟山船拳、龙舟竞渡等，均是惊险而刺激的原生态海洋民俗体育项目。

第一节　攀　桅

一、攀桅起源与现状

攀桅，又称攀桅杆、爬桅杆，《物源》中云："夏禹作舵，并加以篷、碇、帆、樯"，樯即桅杆。明代 FF0C 帆船主桅上装有"兜椅"，渔民或水手常攀桅上"椅"而望风。这说明，攀桅的行为在古代早已产生（图 8-1）。

图 8-1　攀桅

二、攀桅技巧

旧时，渔民在攀桅时危险性很大，渔民在出海时要攀桅望鱼或修理帆时，船会随着海浪晃动，渔民向上攀桅时成造成身体重心不稳而跌落，受到伤害，甚至危及生命。而现在人们在攀桅时都要系上安全防护装置，以防意外发生。

徒手攀桅时双手搂住桅杆，双膝处弯曲，用脚的足弓成上八字抵住，身体成虾形，附在桅杆上，向上攀桅时用手左右交替向上搂住桅杆，脚也左右交替踩攀桅杆向上攀爬。也可双手一起向上搂住桅杆，再双脚同时用力蹬出，腹部收缩，双脚向上移动足弓撑住桅杆使身体不下滑。除了徒手攀桅外，还有双手攀索爬桅，两手抓住缆绳，两脚足心踩住桅杆，不打滑，一气而成。

三、攀桅比赛形式

攀桅比赛有两种形式：一是在同一船桅上进行，以点香或数计时，用时短者为胜；另一形式是在两船桅杆上进行，以谁先到桅顶者为胜。

第二节 拔 篷

一、拔篷源起

拔篷，又称升帆（图 8-2、图 8-3），篷即帆，《释云》中曰："帆，泛也。随风张幔曰帆"。帆是过去行舟捕鱼的主要动能。帆面积大且沉重，渔民们拔篷时需要耗费巨大的体力和掌握一定的技巧，同时，在拔篷时大家齐唱渔民号子，齐心合力才能升起篷。千百年来在使用木帆渔船的漫长岁月里，以"拔篷"动作为特征原生态海洋民俗体育竞技应运而生。

图 8-2 拔篷　　　　　　　　图 8-3 升帆

二、拔篷技巧

拔篷和拔河竞技相同。首先，在人员位置上要做好调整，由高到矮的一字排开，大家用力方式要一致。

其次，拔篷时，绳要稳，不要左晃右晃；用力方向要一致。这和队列里最后一个人的挑选也很有关系，队列的最后一个人必须厚实有力，握绳必须要稳，将整条绳子绷直，引导前面的人用力方向一致。

再次，拔篷前要做好准备姿势，前腿绷直，后腿下弓，身体重心往后倾斜，尽量压低，不过不要太低，太低会影响用力。

队列中人与人之间保持适当的距离，距离太大，绳子易晃动；距离太小，人无法下压，用力就会受到影响，还容易造成碰撞。

最后，拔篷比赛开始。啦啦队统一喊口令，一定要有序，跟着拔篷的节奏来喊；队员协调、一致地一起向后倒着走，重心不变，只是脚向后倒，面向篷。

三、拔篷比赛形式

比赛有两种形式：一是在同船同桅中进行，以点香计时分胜负；另一种是在相邻的两船上进行，篷的规格、大小、重量相等，以先到桅顶者为胜。但现今船上多应用机械能，船上有桅无帆，故此项竞技目前已不多见。

第三节 抛 缆

一、抛缆源起

抛缆俗称"抛缆绳""撇缆"；把缆索抛向码头或他船的引头索，是渔船靠岸带缆或渔船起网带煨固有的海上劳作行为。当渔船近岸而未靠岸之际，船上必须有人先从船头把缆抛上岸来，或直接抛进岸上的缆桩里，或抛向岸上接缆人，由岸上接缆人把缆绳再套入缆桩。

二、旋转式抛缆技巧

抛缆技巧由准备姿势、起摆、跨腿起转和最后用力几个环节组成。

准备姿势：事先把缆绳按顺时针盘绕成直径 40 厘米的绳圈，撇缆头置于绳圈外侧，稍长于绳圈，然后在距离撇缆头 80 厘米处折成一个环状，用前端绳在其中部缠绕 2~3 周，将两侧小环合并后套在绳圈上，用右手食指和中指勾起，撇缆绳末端套在右手腕上，人体直立，右手自然下垂时，撇缆头距地面 30 厘米，身体右侧对目标，两脚左右分开稍宽于肩，两手臂自然向外展开。

起摆：上体稍弯腰，右倾，以右脚支撑身体重量，手臂和上体同时向左右运动，带动撇缆绳由身体左侧向身体左右方摆动一次。

跨腿起转：当撇缆摆到人体右后方最大限度时，以右脚掌为轴心，左脚自然向身体右侧后方跨出一步，并转体 200°，带动身体及手臂左转。

最后用力：左脚落地站稳，双膝稍屈，蹬伸右脚，甩动手臂，以向身体前方 47° 角方向，手腕用力将撇缆呈"蛇形"状抛向前方目标。

三、抛缆比赛形式

比赛分为两种，一是抛远，以抛最远者为胜，另一种是抛准，以先抛进揽桩者为胜（图 8-4）。现如今渔船上的缆绳由粗变细，抛出的一头系上一个小球，便于抛掷。

（a）抛远　　　　　（b）抛准

图 8-4　抛缆绳

第四节　车　锚

一、车锚源起

车锚，又称起锚、拔锚（图 8-5）。木帆船上靠近船头处有一用作起锚的工具，叫车筒。起锚时，由三人推插在车筒中的杆子，把沉在海底的铁锚拔起，铁锚沉重且沉在海泥中，起锚时需花费很大的体力，在车锚时大家大家齐唱渔民号子，齐心合力才能把锚拔起。车锚竞技是体力和毅力的较量。

（a）拔锚　　　　　　（b）车锚

图 8-5　拔锚

二、车锚技巧

车锚技术运用了杠杆原理。旧时，渔民车锚时手臂伸直两手扶车筒中的杆子，身体前倾成一定角度，用脚发力，使车筒转起来；关键是在车锚时步伐一致，在口令（渔民号子）指挥下一起用力。

车筒中的杆子可以用二人扶把，一起用力。

三、车锚比赛

比赛时，三人一组，以用时短者为胜。现如今人力车锚已变成机械车锚，这种原生态海洋体育竞技已不多见了。

第五节 舟山船拳

舟山船拳是根据渔船船舱面积和船只行驶特点，融合吴越船拳特点而创造的一种拳术，发源于吴越春秋，形成于明清，也是明清时期时期舟山渔区帮会组织之一"洪帮"特有的拳种。船拳（图 8-6）极具海岛特色和浓郁的生活气息，且对强身、护体和全民健身运动具有较好的促进作用。

（a）　　　　　　　　　　　（b）

图 8-6　船拳演练

舟山船拳兼收各派之长自成一脉，形成了似南拳又非南拳的独特风格。具有体用兼备、内外兼修、短兵相接、刚劲有力、神形合一、步势稳健、躲闪灵活特点。进攻时出招敏捷，收招迅速；防御时以手为主，似开似闭，以身为轴，原地转动。船拳十分注重腿部、臀部和腰部的运动；步法极重马步，以求操拳时稳健，经得起风浪颠簸，腿部是发力的重点，故十分重视转腰、甩腰、下腰的动作。船拳十分重视马步转弓步、弓步转马步的动作，以体现进则带攻、攻则带躲闪的特点。

舟山船拳套路动作如下。

起势：童子拜佛。

第一段：双桨破浪—鱼叉探海—侧铲海蛟—龙王赐座—单桨劈浪—力顶巨风—扬眉吐气—穷追海盗。

第二段：摇橹过礁（左）—摇橹过礁（右）—夜叉探海—稳坐船头。

第三段：绕桅擒打—竹篙点鱼—坐舱补网—渔翁起网（左）—渔翁起网（右）—穷追倭寇—哪吒闹海—海龟翻身—金鸡展翅。

第四段：直闯龙宫—双龙抢珠—横扫虾兵—扬帆起航—翻江倒海—海底捞月—龙王赐座。

新中国成立后习练船拳逐步失传。1984年，舟山武术界人士在全国武术普查中得知舟山历史上曾有过神奇的船拳，便通过老渔民的回忆，又在普陀武术界前辈章国梁老先生帮助下，经过反复挖掘整理，使这一失传半个世纪的古老拳种重新焕发青春。

第六节　龙舟竞渡

一、龙舟起源

龙船一般是狭长、细窄，船头饰龙头，船尾饰龙尾。龙头的颜色有红、黑、灰等色，均与龙灯之头相似，姿态不一。一般以木雕成，加以彩绘(也有用纸扎、纱扎的)。龙尾多用整木雕，上刻鳞甲。除龙头龙尾外，龙舟上还有锣鼓、旗帜或船体绘画等装饰。一般龙舟没有这么多的装饰，多饰以各色三角旗、挂彩等。龙舟与普通船只不太相同，大小不一，长度16~33米不等，划手人数不一。

二、划龙舟风俗

赛龙舟，是端午节的主要习俗。相传起源于古时楚国人因舍不得贤臣屈原投江死去，许多人划船追赶拯救。他们争先恐后，追至洞庭湖时不见踪迹。之后每年五月五日划龙舟以纪念之。借划龙舟驱散江中之鱼，以免鱼吃掉屈原的身体。竞渡之习，盛行于吴、越、楚。龙舟一词，最早见于先秦古书《穆天子传·卷五》：天子乘鸟舟、龙舟浮于大沼；后来，赛龙舟除纪念屈原之外，在不同民族、不同地区，划龙舟被赋予了不同的寓意。在江浙地区，是以龙舟竞渡纪念曹娥；贵州苗族人民举行"龙船节"，以庆祝插秧胜利和预祝五谷丰登；云南傣族同胞则在泼水节赛龙舟，纪念古代英雄岩红窝。

三、划龙舟人数

以国际龙舟邀请赛规程为例,龙舟竞渡(图8-7)的参赛队员队员必须身体健康,会游泳,熟悉水性。龙舟参赛队员为 24 人。每队设队长一名(运动员兼),比赛时必须佩戴标志。每队登舟比赛队员为 22 人,包括舵手、鼓手各 1 人及划手 20 人。每队替补队员 2 人。替换时须经裁判员验明资格,并于检录登舟前替换完毕,登舟后不得替换。

图 8-7 龙舟竞渡

不同地区的龙舟竞赛人数会有不同,广州黄埔、郊区一带龙船划手约 80 人。南宁舟约五六十人。湖南汨罗县龙舟划手 24~48 人。福建福州龙舟划手 32 人。

四、动作技巧

合理技术必须符合竞赛规则的要求,并能利用规则条文的有利部分改进技术。

1. 动作分类与技巧

从划龙舟运动员的职能来划分,可分为划手、鼓手、锣手、舵手。

划手的身体姿势大致可以分为坐姿、站姿、单脚跪姿。从力学角度讲,坐姿较为合理,站姿、单脚跪姿多在民间的比赛中出现。合理的身体姿势可以减少划水的阻力,有利于两臂的活动,使得动作配合更协调、更有力,但其他姿势在民间比赛过程中出现可以增加比赛的趣味性和气氛。

鼓手的姿势可分为站立打鼓、坐打鼓、单脚跪姿打鼓。鼓点、鼓法各有不同,与当地传统有很大关系。

锣手的姿势可分为站立打锣、坐着打锣。民间比赛中锣手常男扮女装。但正式比赛锣手要和运动员统一着装，不许做多余的动作。舵手的姿势有站立把固定舵、站立把活动舵、坐着把活动舵。民间比赛的舵长短不一，舵手还可以参加划水，但正式比赛的舵有统一规格，舵手不能参加划水。

2. 划水动作方法

划手动作方法由坐姿、握桨、入水、拉手、御水空中移桨和集体配合、节奏等技术组成。

（1）握桨。右排的划手左手先放在桨把的上端，四指从外向内并拢，掌心紧贴桨把上端，大拇指从内向外包住桨把。右手在桨的下端（桨叶与桨把的交界处），四指从外向内并拢，大拇指从内向外包住桨把。划行时要自然放松，不能握得太紧，以免手心起泡。左排坐姿的握桨要领与右排一样，只要左、右手换位就行了。

（2）坐姿。右排划手的身体保持坐姿，右大腿外侧紧靠船边，右腿弯曲，脚掌后自己座位下的隔板，左腿半屈，脚掌前撑前排隔板（左、右腿也可互换）。左排划手的坐姿与右排相反。合理利用两腿前蹬后撑的力量，稳定身体重心。利用身体前俯，躯干扭转，充分做伸肩动作。拉水时脚要前蹬，移桨时脚要后撑。

（3）入水。左排划手划水时，身体前倾，转动躯干，右肩前伸。背部、肩部发力传给左臂，左肘关节微屈，抬肘，形成高肘动作。在桨入水瞬间，左臂用力向下压桨至拉水完毕。桨入水时右臂向前伸直，桨入水的角度为80°~90°比较合理，桨入水后，右臂后拉，肘关节不能向外伸，整个动作类似火车轮的传动臂（注意：桨入水的角度一定在80°~90°）。桨入水时，左臂下压，右臂后拉。

（4）拉水。桨入水后划手马上要拉水，拉水时右臂后拉，左臂向下压桨，右腿（或左腿）前蹬隔板，躯干有后移动作，拉水距离为1~1.2米，拉水时桨要垂直水面。动作关键拉水距离要尽量长，拉水时间尽可能短而快。

（5）桨出水。在桨拉水结束后的出水动作。出水时，左臂放松，上抬提桨。右腕内扣，上抬提桨，使桨叶御水。动作关键左、右臂放松上抬提桨，桨不能提得太高，刚过水面就可以了。

（6）前推移桨：比较常用的有以下两种方法。第一种，左手下压，使桨几乎与水面平行，接着右臂往前推桨，然后入水。这种方法适合风浪较大的比赛场地，运动员身体不高，但手臂力量大。第二种，左、右臂上抬前推。前推过程中桨叶不能碰着水面，以免产生阻力；也不能提得太高，影响向前伸展手臂、入水时间以及划行的速度。移桨过程中左、右臂一定要放松，为拉水过程作准备。

五、国内外赛事

1. "屈原杯"龙舟赛

全国屈原杯龙舟赛，于1983年开始，每两年举办全届。2004年后，由每二年举办一届改为每年举办一届，并更名为"屈原杯"全国龙舟锦标赛，至今已举行了几十届。

2. 国际龙舟赛

1976年6月世界上第一次国际龙舟赛在中国香港举行，由香港旅游局举办，技术官员由香港业余划船协会提供。1977—1980年，模仿香港模式，在新加坡、槟城和其他太平洋地区开始举办国际龙舟赛。1982—1986年，在香港国际赛的基础模式上，继续向全世界的范围发展。1987—1990年，独立的龙舟协会在中国、英国、荷兰、意大利、德国、丹麦和世界范围内的其他国家成立。

3. 国际龙舟联合会锦标赛

国际龙舟联合会简称国际龙联，1991年6月24日在中国香港成立。成员有来自包括澳大利亚、中国、中国台北、英国、中国香港、印度尼西亚、意大利、马来西亚、挪威、菲律宾、新加坡、美国等国家和地区的龙舟协会共62个。龙舟世界锦标赛在奇数年举行，俱乐部世界锦标赛在双数年举行。

第七节　清墩

清墩是舟山渔民在海洋体育休闲文化方面创造的具有海洋特色的体育项目与游戏，它属于棋牌的智力游戏项目，每当渔民在渔船上有空闲时间，渔民们会拿出三副牌四个人抓对进行争上游的游戏活动，因一开始时此活动是在船上发生的，因此，也把它归类到船上类海洋体育项目。

舟山群岛自古以民风淳朴、文化丰厚而著称。自有岛民迁徙在此凭岛而居起，便时刻创造着与他处不同的文化形态，岛民所创造的各种海洋民俗文化形态经过许多年代的积淀形成了自己内在的丰富性。海岛群众休闲体育文化是反映舟山岛民的生活和思想感情，表现他们的审美观念和艺术情趣，其人文地理的独特性，决定了舟山海岛群众休闲体育文化的丰富多彩，在海岛群众休闲体育文化方面创造了具有海洋特色的体育项目与游戏。舟山清墩游戏的创造与迅速传播，成为海岛群众民间休闲娱乐的主要方式之一。从社会学的角度研究这种原创的、原真的、更贴近生活源头的海岛群众休闲体育文化，更能体现海岛群众休闲体育文化的根源性和丰富性。

一、"清墩"起源

舟山"清墩"起源于岱山县长涂镇。20世纪90年代初在岱山县内流行。1992年10月，岱山县体委就组织编写了"清墩"竞赛规则，并在县成人教育中心举行了全县"清墩"比赛；90年代中叶，"清墩"逐渐风行整个舟山市及邻近地区风行（如宁波、上海）。互联网的迅速发展，使"清墩"作为网络游戏又被国内广大网友所喜爱。而电子信息的快速传递，使"清墩"这一娱乐项目，以其简单易学、携带方便、不受场地限制、较为刺激而逐渐成为人们饭后茶余的主要民间休闲娱乐方式之一。"清墩"源起于海岛民间的生产和生活。

二、"清墩"规则

"清墩"是点数相同、花色亦相同的三张牌的组合，为"三只"的特殊形式。"清墩"游戏是取三副扑克牌，四人分二二对家合作、协同游戏，争先争分，以最后得分多少定胜负的一种扑克牌游戏。

1. 牌型及大小

"清墩"游戏要求三副牌，四人二二对家合作游戏，争先争分，以最后得到或超过165分定胜负。"清墩"游戏的牌型及大小见表8-1。

2. 摸牌和出牌

海岛民间清墩游戏开始前要先抽牌，进行对家组合（网络游戏首家出牌由电脑随机产生）。牌面大的两张或牌面一样的组成对家，由牌面最大一家翻牌，从这家起逆时针方向按点数找到抓第一张牌的人（大、小王为1点），并将这张牌面向上插在牌的中间，在摸牌过程中哪个摸到就哪个人出牌。出牌秩序按逆时针方向，一手结束后由最大的一方出牌。若出完牌的一方的最后一手牌没人压，则由出完牌的下家继续出牌，俗称"借东风"。

表8-1 "清墩"游戏的牌型及大小

类型	牌 型	大小	注
第一类型（杂牌）	1. 单牌		牌面的大小排列依次为：大王>小王>2>A>K>Q>J>10>9>8>7>6>5>4>3，如果2先出牌时，则为最小。
	2. 对子		
	3. 三只：点数相同，花色不同的三张		
	4. 葫芦："三只"与牌点上下相邻的"对子"的组合		
	5. 连对：点数上下相连的三副或以上的对子		
	6. 连三：点数上下相连的三副或三副以上的三只组合		
	7. 三连三拖三连对（"连三"与点数上下相邻的"连对"的组合）		
	8. 顺子：5张点数上下连在一起的杂牌		
第二类型（炸弹）	1. 同花顺：点数上下相连，花色一样的五张牌	四个炸弹<五个炸弹<同花顺<六个炸弹<七个炸弹<排炮<清墩<连墩<姐妹墩<兄弟墩<八炸弹（八无墩）第二类的牌无论大小都大于第一类的牌型相同的牌型都是以牌面的大小来决定大小	
	2. 炸弹：4张或4张以上点数相同牌的组合		
	3. 排炮：点数相邻的二组或二组以上的"炸弹"的组合		如：4只8和4只9，叫八九排炮
	4. 清墩：点数相同、花色亦相同的三张牌的组合，为"三只"的特殊形式，月亮墩：三张副司令为月亮墩，太阳墩：三张司令为月亮墩		如：三只♦10，叫十清墩
	5. 连墩：点数上下相邻的两副或以上的"清墩"的组合		如：三只♣7和三只♦8，叫连墩
	6. 姐妹墩：点数上下相连，花色相同的两副或以上的"清墩"的组合		如：三只♣7和三只♣8，叫姐妹墩
	7. 兄弟墩：点数相同、花色不同的两副或以上的"清墩"的组合		如：三只♣7和三只♦7，叫兄弟墩
	8. 八无墩：八张点数相同，且没有清墩组合的牌面		

3. 得分

牌面为"5""10""K"分别代表 5 分、10 分、10 分,三副牌总分计 300 分,先出完牌者为"头家"。"头家"的得分为自己的得分加上对家手中的暂得分(包括头家出的最后一手牌,被对家收获的得分);未家除手中的分全部被对方没收外,同时需在对家的得分中扣除 30 分;输赢由最后双方手中的得到 165 分或越过 165 分决定胜负;若双方在扣除 30 分后,得分相同,则以有头家的组合为胜。牌局结束后,得分多的一方即为赢,得分为 1 分,另一方得分为–1 分;若对家双方分别为"头家"和"二家",则可得 3 分,称作"双扣",被"双扣"的一方得分则为–3 分;

若有一方的最终得分为负分(扣除未家的 30 分后)或零分,得分则为–2 分,同时,另一方得分则为 2 分。

思 考 题

1. 简述民间攀桅竞技的比赛形式。
2. 简述民间拔篷竞技的动作技巧。
3. 简述旋转式撒缆的动作技巧。
4. 怎样才能把铁锚从海里用车筒拔起?
5. 简述舟山船拳的作用。怎样才能使它得到推广和普及?
6. 简述龙舟竞渡划手的动技巧。
7. 简述"清墩"的形成?它的打法主要借鉴了什么游戏?

第九章　海岛民间乐舞类海洋体育

> **教学目标**
> 本章节主要学习海岛民间乐舞类海洋体育项目等内容；项目内容以民间乐舞为主，有船灯舞、鱼灯舞、跳蚤舞、海岛舞龙等项目。

自古以来，海岛渔民都有舞龙调鱼灯的习俗。一般都放在除夕夜或正月初一和正月十五夜举行。舞龙有在一个渔村或一个渔岛上进行，也有各村和各岛之间聚会共舞，不仅看谁的龙舞得好，也比谁的龙做得好。调鱼灯，少则有几十盏鱼灯，多则有上百盏，并有龙灯带头，白日可以调，夜晚点燃鱼灯，调起来龙鱼交欢，似东海龙宫移上岛来，吸引渔家人扶老携幼争相观赏，一幅欢乐祥和的渔岛风俗图。

第一节　船灯舞

一、船灯舞传说

清帝乔装出巡江南，至福建沿海，突遇风暴，险些丧生，幸投宿于一渔船，船家祖父和孙女与其言谈之中，帝获悉渔家饱受渔霸欺凌，不得温饱，甚为恻隐。翌晨临别时，特赠夜明珠一颗，亲笔题赠"渔家乐"金匾和"圣旨"金牌各一。渔翁顿觉福从天降，惊喜交集，叩头跪接。尔后，渔民们再不受渔霸欺凌，且有夜明珠之光，风雨黑夜，均可出海捕鱼。后人便根据这一传说排演船灯。

二、制作

"船"用木、竹制作，长约 3.5 米，腹宽约 1 米，舱内高约 1.6 米，外表涂以鲜艳的色彩，配以花束、彩带、彩灯。船无底，底部周围饰以约 0.6 米宽的布条，称"水布"，用以遮挡操船者的脚，全船约重 30 千克。船灯舞由 3 人表演，男女演员各 1 人，男饰老翁，女饰孙女，以歌为主，分别在船头、船尾表演，另一个藏在舱内操纵彩船，用一布条系于舱内前后对角处，伴在双肩，双手抓紧前后横档另一对角处。

三、表演

表演时，将船体舞动，前后左右行进，停靠摇摆自如，全由操船者控制，舱内舱外表演动作娴熟，配合默契，自始至终给人以"船在水中行，人在船中舞"的韵味。伴奏乐器以民间管弦乐器如唢呐、笛、扬琴、三弦、板胡、二胡等为主，有时还加上锣、鼓、钹、铛等打击乐器，节奏明快，气氛热烈。如图 9-1 所示即为船灯舞现场表演场景。

图 9-1 广东平远县船灯舞

第二节 鱼灯舞

一、鱼灯舞起源

鱼灯舞起源于清初乾隆年间，为渔民逢年过节、拜神祭祖必备节目。鱼灯制作精巧用竹篾扎成鱼状，糊纸绘彩再涂上桐油，下装短棍，举棍起舞穿梭如海中鱼群。伴奏乐器有锣、鼓、钹、唢呐、螺号等。传统的鱼灯舞共有 25 条鱼，现今精简为 18 条。鱼灯舞一度面临失传，2003 年间经过发掘、整理、排练后，终能传承下来。"沙头角鱼灯舞"目前通过了广东省第一批非物质文化遗产名录公示。

二、表演形式

旧时，因渔民生产条件差，文化娱乐贫乏。为了增添节日欢乐热闹的气氛，祝愿新一年里生活富裕安康，年年有鱼（"余"），制作鱼灯的以兽面、兽头和鱼身鱼尾相组合，人们称之"神鱼"，有金龙、银龙、双合鱼、虎头、豹头、狮头、象头、犀牛、麒麟、皇冠鱼共10盏灯。至清嘉庆年间，制作的鱼灯以形似为主。两处的鱼灯开始均为篾扎纸糊、绘以彩色，内点蜡烛，鱼身形象清晰美观。并逐步发展成今天的铁丝扎骨架、幔布、喷绘色彩内点电珠的现代鱼灯，数量也由原来的10盏增加到26盏灯。鱼灯表演一般都在正月初八至十八，鱼灯表演队伍由开道锣、头牌、扁灯、旗道、大沙灯、五音组成，鱼灯表演按"官牌九"之名设计走阵方式，有元宝阵、板凳阵、梅花陈、线板阵、壁连阵、吆五阵等，每次以金龙、银龙鱼灯排在前头，表示渔民生产丰收、金银滚滚而来（图9-2）。

图9-2 鱼灯舞表演

第三节　跳蚤舞

一、源起

"跳蚤舞"（图9-3）运动是舟山群岛颇具魅力的海洋民俗体育舞蹈，是舟山民间"船舞"的组成部分。每当岛上举行盛大的文化娱乐活动，如过年过节等节日节令、庆丰收、祭海，"船舞"即"调船灯"是必出的节目。在船灯后面，有两个演员，一前一后，一男、一女，穿着鲜艳的古代服装，一个舞扇子，一个敲竹板，踏着蚤步，互相挑逗戏耍，表演出种种滑稽可笑的动作。

图9-3 跳蚤舞

二、"跳蚤舞"的表演形式

不论是双人舞也好群舞也好，它的基本舞步是大八字步半蹲跳走式。因其舞姿酷似蚤跳蹦，故而称之"跳蚤舞"运动。跳蚤舞以轻盈、诙谐、灵活，逗乐的舞蹈动作取胜。饰济公的男角色，主要以阻拦和戏耍动作为主，饰火神的女角色则以挑逗、躲闪，配以突进动作。服装和道具：男作济公装饰，破袈裟，破鞋，一把破蒲扇。女为火神娘娘装饰，头戴珠冠，身披红色宫衫，红绿花鞋，手舞一块红手帕，也有手敲两块竹板的。火神娘娘菩萨一身火红装束，正是火的色彩象征。表演时，男角在前，女角在后。女进男拦，女退男进，三拍子节奏，"嘣嘣嘣，嘣!""尺尺尺，尺!"伴奏的乐器是鼓和钹。因是民间群众舞蹈，跳蚤舞的舞步和节奏并不太复杂，关键在于演员的挑逗动作和滑稽表演水平。现在加入了一些现代舞的元素，也更注重表现故事情节，突出"斗"的细节，经过改编的"跳蚤舞"既保留了原汁原味的基本动作，又符合现代审美观，更具观赏性。在舟山各渔岛饰火神的均是该岛最漂亮、最出众的姑娘，饰济公的是岛上惯于演滑稽剧、有幽默感的中青年渔民。在众多的海岛广场文艺样式中，"跳蚤舞"运动历来是最受群众欢迎的海洋民俗体育娱乐节目。

"跳蚤舞"运动利用人体多种姿态，在动态和静态造型中将力度、幅度、速度、耐力等融合于"跳蚤舞"运动技巧中，完成各种轻盈、诙谐、灵活、逗乐的动作。通过"跳蚤舞"的练习，能有效地培养人们相互协作的精神，提高练习者的运动节奏感、协调性、灵敏性等。因此，"跳蚤舞"运动对于表演者来说，是达到身体和精神双重锻炼的有效体育健身项目。

第四节　海岛舞龙

一、海岛舞龙起源

海岛民众信仰所崇拜的海洋神灵数量众多、丰富多彩；在舟山先民的传统信仰中"东海龙王""观音"和"妈祖"为主要的三大信仰。舟山群岛地处"孤悬外海处"，渔民在"风口浪尖""三寸板内是娘房，三寸板外见阎王"中讨生活，险恶的海洋生产环境，对海神（海龙王）的信仰有它自身形成的规律和特点。人们认为"海龙王"是海内天子，渔民的旦夕祸福都掌握在"海龙王"手里，只得祈求"海龙王"保护他们生命和财产的安全。同时，由于渔民对自然科学知识的贫乏以及对龙卷风等自然现象认识和理解的偏差，海岛先民不能合理解释和控制现实生活支配海洋环境中各种自然力量与社会行为，凭借冥想以"海龙王"的神话形式来表达，把"海龙王"当成兴旺发达、平安幸福的保护神。由此"海龙王"成为沿海地区与海岛民间信仰中最为普遍的海神，渗入到渔民的习俗思想、衣食住行、婚丧嫁娶、节日庆典方方面面。舟山海岛民间民俗舞龙是海岛先民认识和利用海洋感情支撑的外显，是生产生活中重要的精神寄托，有了这样的支撑，自然的海洋世界才变得"人文化""社会化"起来，海洋因而变得有血有肉，鲜活生动起来。"海龙王"信仰崇拜的形成充分体现了海岛先民自由的神奇想象力和独特的海洋思维方式，寄托一种心理上的平衡和精神上的合理解释。

历代帝王对龙的推崇和宣扬，是利用龙来树立自己的权威，巩固自己的统治，把皇帝宣扬为"龙"的化身，来主宰和统治黎民百姓；海岛民众同样受制于王权统治思想的束缚和压制，对帝皇敬畏、崇拜至极，把皇帝当成是"龙"的化身，把"海龙王"作为是海岛渔民的庇护神。因为，大海既是海岛渔民捕捞作业的衣食之地、赖以繁衍的生命摇篮；但又易暴怒发威，将整船人的性命吞噬。渔民出海捕鱼，上不着天，下不着地，风口浪尖讨生活，环境十分险恶，再加上生产工具落后，渔民只得祈求"海龙王"保护他们生命和财产的安全，渔民以捕捞海中鱼虾为生，鱼虾是"海龙王"的子民，是否赐予渔民？丰歉如何？在渔民传统观念中全靠"海龙王"的恩赐。因此，海岛民间民俗舞龙既是对皇帝的颂扬又是海岛渔民对"海龙王"的崇拜、悦神而相应的一种民间传统感恩、祈求方式。

身居东海外海的先民们，长年累月所接触到的大海是喜怒无常，其造成的灾难，往往是非人力所能抗御的。沿海地区和海岛的先民们在原始的生产力、落后的生产技术、恶劣的生产环境中，大海是岛民捕捞作业的衣食之地，赖以繁衍的生命摇篮，渔民只得祈求"海龙王"保护他们生命和财产的安全。出于此因，唯有向"海龙王"祈求才能避祸赐福，在渔民渔船上的一些什物无不充满渔民对"海龙王"的崇敬和敬畏。如"船活灵"，它既是一种船饰，也是渔民敬龙崇龙的表现形式，以求庇护的图腾崇拜心理的反映。此外，人们信奉金银铜铁能镇邪避灾。

将此船魂灵置于船之心腹部位的水舱,而整条船又置身于大海,喻示渔船即为有灵魂和神威之物,以庇佑一年四季皆漂泊在茫茫大海、时常与风流险滩打交道的渔民或船工。有的有意挑选铸有"顺治通宝""乾隆通宝"字样的铜钱作为船魂灵,借顺治之"顺风顺水"和乾隆之"兴隆发达"的意愿而图吉利。再如渔船上的船锚称谓龙爪铁锚;船底正中的筋木称谓龙筋;船头两侧的眼睛称谓龙眼;渔网称谓龙衣;起网、拔篷的渔民号子称谓龙号……"海龙王"是沿海地区和海岛渔民的图腾崇拜;正因为有了龙(海龙王)图腾崇拜的心理,渗透到祖祖辈辈生活在沿海地区和海岛渔民的思想意识、典章制度、文化艺术和生活习俗等各个方面,逢年过节都要举行一些如舞龙灯、祭龙王、赛龙舟之类的悦神娱人活动,祈盼风调雨顺、国泰民安、丰衣足食。

二、海岛舞龙套路的技术特征

海岛舞龙表演(图9-4)的套路有舞单龙程式和舞双龙程式,海岛民间民俗舞龙艺术主要体现在套路上。舞单龙套路有盘、滚、游、翻、戏等27个招式。从第一式盘龙开始,全场而游,按锣鼓点子的节奏速度由慢到快,接着龙抓身,换背龙,龙搁脚,左右跳,套龙头,游龙抢身,龙脱壳,龙翻身,双节龙,背

图9-4 海岛舞龙表演

摇船,圆跳龙,蹲卧龙,满天龙,摇船龙,游龙跳,靠足快龙,龙滚沙,龙戏尾,弓背龙,龙出首……场外的锣鼓节奏如急风暴雨,场内的舞龙动作似翻江倒海,只见龙头在不断地上下翻跳,龙身和龙尾在滚滚游动。到了第二十招式后的快游龙、直卧龙、快跳龙、大游龙时,动作难度越来越大,舞龙速度越来越快。舞者情绪热烈奔放,龙灯气势磅礴雄壮,把舞龙的气氛推向了高潮。此时,围观者掌声喝彩声骤起,龙铳声、爆竹声、锣鼓声和龙号声响成一片,其热烈、轰动、壮观的场面令人振奋。到了小游龙后,舞龙的速度才慢慢地缓和下来,绕场慢行数圈,到廿七招式后收势。这是单条龙的舞龙程式。

舞双龙是一项集体性很强的运动,双龙间还有一个执球棒的舞珠者,除了单

程式套路外，还要增添"双龙抢珠"的艺术舞龙，如"龙嬉珠""龙打串""九曲弯龙""头翅尾扣""龙头咬尾""龙身打练""龙尾圈头""龙身入肚""大团圆"等程式。每条龙由多人组成，每个人应当把自己视为龙的一部分，要与他人协调配合，做到珠引龙走、龙跟珠行、节节相随、快慢有序，才能完成整套舞龙套路的表演。其中，舞珠者要滚、翻、蹦、跳，耍出珠棒十八式，以逗引双龙追逐扑打。此时，在龙灯锣鼓指点下，围绕龙珠，双龙或平行或交叉、或穿陈、或争珠、或滚翻、龙头忽高忽低，龙尾忽左忽右，忽而"双龙戏珠"，忽而"旋圈跳舞"，变换出各种矫健的龙姿，令观舞者赞叹不已。其间，舞龙艺术的高低，在于套数的花样和舞龙者对技术掌握和熟练的程度。毋庸置疑，舞龙是一项体力和智慧同时投入的表演活动，为了舞出龙的神韵、龙的精神，龙头、龙尾和各节龙身之间要默契配合，技巧性很强，表演者须经过长期演练、磨合，认真体会，要求"眼观六路，耳听八方"，才能把龙的潜跃翻滚、蜿蜒游动舞得浑然一体。

舞龙又是一种集武术、舞蹈艺术、民族鼓乐等综合因素的体育文化娱乐项目。舞龙在变化多端的节奏中，舞龙者利用人体多种姿态，在动态行进和静态造型中将力度、幅度、速度、耐力等糅合于舞龙技巧当中，完成各种高难、优美的动作。海岛舞龙运动作为一种特殊的文化活动贯穿于其中，深刻地反映了海岛文化的底蕴。在海岛民间民俗大会，龙在形式上既有地方特色、民族传统，也注入了时代精神，在内容上融专业文化与海岛群众文化、海洋文化、民族文化与国外先进文化于一体，从历史上的悦神到娱人的嬗变中，舞龙有了经济、旅游、艺术、娱乐、健身、教育和传承等功能于一体。将进一步推动海洋文化名城建设和旅游经济发展。

思 考 题

1. 简述民间船灯舞的含义。
2. 简述民间鱼灯舞的含义。
3. 简述民间跳蚤舞的含义和动作特点。
4. 海岛舞龙有哪几方面源起？
5. 简述海岛舞龙动作的技术特征。

第十章　海岛儿童类海洋体育游戏

> **教学目标**
> 本章节主要学习海岛儿童类海洋体育项目等内容；项目内容以民间乐舞为主，有吹海螺号、掷贝壳、赛船模、捉蟹等项目。

海岛儿童类海洋体育游戏主要指海岛儿童在日常生活中涉及玩耍的民间民俗游戏，如吹海螺、掷贝壳、赛船模、捉蟹等项目，这与大陆儿童玩耍的民间民俗游戏有很大的不同，因为，他们生活在海边，玩耍在海边，海岛儿童类海洋体育游戏最大特征就是涉海性。以下几个项目是在沿海和海岛地区常见的海洋体育项目。

第一节　吹螺号

一、起源

海螺，古称贝、蠡。是藏、蒙古、满、纳西、傣、京、汉等族唇振气鸣乐器。藏语称董、措董、董嘎尔。蒙古族称冻思。傣语称海三。汉语称梵贝、法螺、螺号、玉螺、玉蠡等。流行于佛教寺院和全国各地，尤以西藏、内蒙古、青海、四川、云南、甘肃、广东、广西、福建、辽宁、吉林等省、自治区最为盛行。

二、吹奏和使用

吹奏时，左手持握螺口，两唇紧贴吹嘴送气，发音作"呜呜"声。每支海螺可发出一个基本稳定的长音，因螺身大小不同，发出的音高也各异。海螺的音色与螺纹的粗细和多少有直接关系，一般说来，螺纹细、少者音色较明亮，反之音色较深厚。常作为法器用于佛教寺院。在藏区寺院里，要用吹贝祭奠死者。汉族地区也广为使用，在浙东民间器乐合奏舟山锣鼓中，海螺作为色彩性乐器使用。在广东、广西、福建等沿海地区，民间常以吹奏海螺召集群众聚会。在海疆边防中，"吹海螺"（图10-1）还有防敌特分子渗透，指挥民兵集合等军号作用。

图 10-1　吹海螺

三、制作

现代海螺采用海水中天然长成的大海螺壳制作，螺壳呈螺旋状。大小不一，一般全长25～33厘米。多选用颜色清白或有花条纹的海螺为佳，磨穿螺尖作吹嘴，并将吹嘴做成圆锥形或直筒形，外径2～3厘米，中心吹孔较细，孔径只有1厘米，有的在螺的两端钻孔、穿以细皮绳，平时不吹奏时可斜挂于胸前或腋下。

吹奏乐器，声音悠长高亢，穿透力强，象征吉祥和顺、平安幸福。因其音传的远故还有另一意义：在佛祖登坛说法之前，其座前阿难、迦叶两弟子即先行出来告晓示众，使其各归其位，静听说法。其状类似县官升堂时，堂前两班衙役发出的"哼呜"声。此外，海螺还有通知众喇嘛上殿念经的作用，海螺常与恒格勒格齐奏。

四、比赛

舟山群岛的渔民早有"吹螺号"出海的习俗，儿童仿而熟之，吹海螺的游戏主要是谁吹出长短号和各种花样，来定胜负。

第二节 赛船模

一、船模

船模（图 10-2）即指船的模型；船模比赛是海岛儿童比较喜爱玩耍的儿童类海洋体育游戏制作船模的材料多种多样，木头、毛竹、纸，甚至豌豆荚、乌贼骨都可以作为原材料（图 10-3）。

图 10-2 船模

图 10-3 纸壳船模

每当夏天海潮涨满时，海岛儿童拿着早已做好的各种船模来到海滩边、河边、池子边放船模玩耍。

二、模型的制作及组装所需材料

1. 木材

制作模型骨架等，是常用的材料，以下是主要用材。

（1）桐木：以泡桐为主，有比重轻、相对硬度大变形小、易加工等特点。

（2）松木：东北松的特点是纹理均匀，木质细密、比重较轻、不易变形、易于加工、有一定的弹性。

（3）桦木：材质坚硬、纹理均匀紧密、比重较大，可用作发动机架等受力构件。

（4）轻木：材质很硬、比重很轻、纹理均匀、不易变形易于加工，用来制作受力不大的零件。

（5）胶合板材：较薄的胶合板材（3层）可用来制作船的龙骨，具有强度大、不易变形的特点。

2. 金属材料

有强度大柔韧性好、可塑性强等特点。

（1）薄铁片：用作支架、固定电机等。

（2）薄铜片：制作导电触片、开关、电池夹、调速器等理想材料常用0.3~0.5mm厚。

（3）硬铝板（半硬铝板）：用作支架、机械转换装置、推拉杆等，可折性差。

3. 塑料

不同成分和工艺的塑料，其性质的差异可能很大，用途也非常不同。

（1）聚苯乙烯泡沫板：一种硬原则泡沫塑料密度小、易切割、易打磨，用来制作船体省时省力；一般常用电热丝切割。

（2）聚氢酯泡沫塑料板：质地轻软，是良好防震材料，颗粒较大。

（3）有机玻璃：聚甲基丙酸甲酯塑料，高度透明，比重轻，不易碎；110℃变软，可成型加工，可加工成为各类特殊形状的沟槽和零部件。

4. 黏合剂

在连接模型的骨架外壳及各种零件时最常用到，胶合结构具有重量轻、强度大、应力分布均匀、外形光滑整齐、工艺简单等优点。应注意：

（1）应对黏合面进行一定的预处理（使其光滑平整）；

（2）黏合时涂胶尽量均匀和足量；

（3）应采取一定措施对黏合面加压，根据黏合剂不同采取不同的加压时间；

（4）要满足黏合剂的固化时间（时间、温度和湿度等）；

（5）注意通风。

5. 马达（带螺旋桨及齿轮）

马达主要是提供动力。

6. 电池

电池根据情况选用类型及型号。

三、船模比赛规则

1. 比赛项目

比赛项目包括制作设计赛、场地赛。

2. 拼装赛

参赛选手用主办方提供的器材和工具设计制作船模。

3. 场地赛

制作好的船模作为场地比赛用船。

4. 比赛规则

（1）制作设计赛规则。选手在一个半小时内完成制作。评比标准：模型的外观；模型的视觉效果及其工整洁净程度；模型的用料多少；是否有创新精神。

（2）场地比赛规则。所有制作好的船模由赛会统一编号。比赛在长的水池中进行。裁判发令后，模型可以起航。模型的任何部位碰到起点线开始计时，再碰到水池的尾部后，结束计时，并记录航向分、行驶时间。

船模在比赛中途，停止航行超过 1 分钟，则终止比赛，本轮成绩作零分处理。成绩计算标准：以航向分优先，在航向分同等的情况下，以行驶速度排名。如：航向分均为 100 分的选手，其中速度最快的为第一。

每位选手有两次比赛机会，取最好成绩为最后成绩。

第三节 捉 蟹

捉蟹（图 10-4）也是海岛儿童比较喜爱玩耍的儿童类海洋体育游戏。捉蟹的游戏玩耍有好几种：一是挖沙蟹；二是戳石蟹；三是钓海蟹；四是打大钳蟹。

一、挖沙蟹

挖沙蟹即挖窝藏在沙滩上的小沙蟹,沙蟹喜欢在沙滩上打洞,窝藏在沙洞中,在沙滩上找到小小的洞口,往下挖总能捉到沙蟹。在挖沙蟹时需要和沙蟹斗智斗勇,事先要观察好沙蟹洞口的大致走向,然后距离蟹洞不远处用铁锹或其他工具对蟹洞截道,再挖时,沙蟹无路可逃,无处躲藏,束手被擒了。

图 10-4 捉蟹

二、戳石蟹

戳石蟹则是用细长的铁丝戳躲藏在礁石缝间的石蟹,这种石蟹专门在生活在礁石岩间生活,渔民很难用手捉住它,因此,要用细细长长的铁针支戳,戳准了才能把它捉牢拔出来。

三、钓海蟹

钓海蟹则是用钩子去钓隐匿在礁石下的黄壳蟹,黄壳蟹贪食却又顽皮,往往用双钳捧住诱饵玩而不食,把它钓上海面后,却松钳逃之大吉。

四、打大钳蟹

大钳蟹的螯足一大一小,大的钳外壳红色,爬行时像扛着一面红旗一样,大钳蟹又叫红旗蟹,一般生活在滩涂泥洞中,在昔日海岛中一般不作菜肴,仅为儿童玩耍的对象;一般海岛儿童看到泥涂上大钳蟹爬行时,儿童们会用小石头或泥巴打蟹洞封住,然后才开始用小石头或泥巴瞄准打大钳蟹,直到打准或打死或被它逃脱。

游戏规则:挖沙蟹,戳石蟹、钓海蟹一般以捉住蟹的数量多的为胜,打大钳蟹一般以打死大钳蟹数量多者为胜。大钳蟹在海岛一般不用来制作菜肴。

海岛儿童原生态海洋民俗游戏类还有钓海鸥、拾螺、跳龙门、斗蛋、浅海围鱼。

思 考 题

1. 简述"吹海螺"的功能。
2. 简述民间掷贝壳的竞技方法。
3. 船模制作需要什么工具和材料？
4. 捉蟹有几种方法？

参 考 文 献

鲍明晓. 蓝色引擎助推海洋体育——关于浙江发展海洋体育的几点建议[J]. 浙江体育科学,2011（4）：1-2.

曹卫. 滨海体育休闲的理论探讨[J]. 山东体育学院学报,2011（9）：7-10.

曹卫等. 滨海体育休闲产业的兴起与发展[J]. 体育学刊,2012（1）：35-38.

邓凤莲. 中国体育旅游人文资源评价指标体系与评价量表研制[J]. 北京体育大学学报,2014(1)：58-63.

杜震洪. 近海环境地物认知模型与智能服务聚合研究[D]杭州：浙江大学,2010.

韩丹. 对我国"体育产业"与"产业化"10年的反思和评价[J]. 体育与科学,2003（1）：1-4.

黄永良,傅纪良. 海岛野外生存生活拓展训练教程[M]. 北京：高等教育出版社,2011.

黄志英,万红. 船用撇缆的转体投掷方法理论研究[J]. 交通信息与安全,2010（1）：116-119.

江军,过建春. 青岛滨海旅游发展对策研究[J]. 全国商情（经济理论研究）,2009,16（6）：23-25.

姜彬. 东海岛屿文化与民俗[M]. 上海：上海文艺出版社,2005.

李贺. 对海南发展滨海体育旅游的初步研究[J]. 焦作大学学报,2010（7）：48-49.

李建生,郭利翔. 对沿海城市滨海体育旅游开发的几点认识与思考[J]. 宜春学院学报,2009（4）：131-133.

李明峰. 福建东山县滨海体育旅游资源评价与开发对策研究[D]. 福州：福建师范大学,2008.

李相如. 论我国休闲体育的发展方向[J]. 体育文化导刊,2012（5）：12-15.

凌平，刘金利，李雪飞. 对我国海洋体育发展战略的思考[J]. 北京体育大学学报，2013（3）： 16-22.

柳和勇. 舟山群岛海洋文化论[M]. 北京：海洋出版社，2006.

卢元镇. 中国体育社会学(修订本)[M]. 北京：北京体育大学出版社，2001.

曲金良. 海洋文化概论[M]. 青岛：中国海洋大学出版社，1999：7-10.

曲进，洪家云. 论滨海体育休闲[J]. 体育文化导刊，2010（7）：15-18.

苏勇军. 浙江海洋宗教信仰文化的旅游价值及其可持续发展研究[J]. 渔业经济研究，2008（6）：29-32.

滕海颖，龚聿金. 论海洋体育的分类与开发[J]. 浙江海洋学院学报，2004（3）：97.

梶原玲，成田式部. 野外生存宝典[M]. 萧晓苹译. 海口：南海出版社，2008.

吴晓青. 海水淹溺的院前急救[J]. 中国疗养医学，2011（10）：950-951.

谢英. 区域体育资源研究[M]. 北京：科学出版社，2009.

徐鸿儒. 中国海洋学史[M]. 山东：山东教育出版社，2004.

杨静. 基于AHP的唐山市体育旅游资源定量评价研究[J]. 中国农学通报，2010（16）：420-423.

杨铁黎，苏义民. 休闲体育产业概论[M]. 北京：高等教育出版社，2011.

易剑东. 体育文化学[M]北京：北京体育大学出版社，2006.

（英）克里斯·拜格肖. 户外运动终极手册[M]. 杨雪译. 沈阳：辽宁科学技术出版社，2007.

岳冠华. 解读休闲体育[M]. 北京：中国社会科学出版社，2012.

赵盛龙，吴其杰，孙玉芸. 舟山群岛海洋生物[M]. 杭州：杭州出版社，2009.

浙江省体育局. 浙江省海洋体育发展规划（2011—2020年）[Z]. 浙体法产〔2011〕492号. 2011-12-7.

郑婕，李明. 海洋体育文化概念及内涵解析[J]. 体育学刊，2012（4）：17-21.

周理崖. 长三角地区海洋体育休闲旅游资源开发研究//中国体育产业与体育用品业发展论坛论文集[C]. 北京：中国体育科学学会，2012.